U0513218

课 题 指 导

李荣融

课题组组长

陈永杰

课题组成员

吕 铁 陈 妍 綦鲁明 景春梅

中国 2020 年基本实现工业化：

主要标志与战略选择

CONCLUDING CHINA'S INDUSTRIALIZATION BY 2020:
KEY INDEXES AND STRATEGIC CHOICES

中国国际经济交流中心课题组 / 著

社会科学文献出版社
SOCIAL SCIENCES ACADEMIC PRESS (CHINA)

课题组介绍

课题指导

　　李荣融　国务院国有资产监督管理委员会原主任

课题组组长

　　陈永杰　中国国际经济交流中心副秘书长、博士

课题组成员

　　吕　铁　中国社会科学院工业经济研究所研究室主任、研究员、博士

　　陈　妍　中国国际经济交流中心副研究员、博士

　　綦鲁明　中国国际经济交流中心助理研究员、博士

　　景春梅　中国国际经济交流中心副研究员、博士

总　序

　　智库是生产知识和思想的组织，是公共决策的参与者、战略谋划的提供者，体现了一个国家的软实力。许多国家的智库直接影响国家政治、经济、社会、军事、外交、科技等方面的重大决策，被誉为继立法、行政、司法和媒体之后的"第五权力中心"。

　　在我国，随着党和政府对完善决策机制的重视程度不断提升，智库在决策体系中占据着越来越重要的位置。智库最重要的功能是服务决策，正是基于这样的目的，中国国际经济交流中心（China Center for International Economic Exchanges，CCIEE）于2009年3月成立，国务院前副总理曾培炎同志担任理事长，多位在国家战略和政策研究方面有着丰富实践经验的同志担任副理事长。作为智库，CCIEE把为党中央和国务院提供决策支持作为重要目标，同时也为各级地方政府和企业提供战略咨询服务。

　　CCIEE的研究特色突出，以国家重大战略问题研究为主攻方向，坚持全局性、战略性、长远性和前瞻性，牢牢树立精品意识，力求形成具有较高价值、较大影响力和较强应用性的研究成果，发挥智库在决策中的重要作用。CCIEE成立之时就设立了中国国际经济研究交流基金，每年安排 20 多个研究题目，支持中心内外的专业人员开展研究。这些研究题目主要是根据我国当前发展阶段面临的新形势、新特点、新任务提出来的，选题范围涉及政治、经济、社会、文化、生态、外交等领域，既有发展问题，又有改革问题，既有国内问题，又有国际问题，既有近期必须解决的问题，又有长远发展需要预为之谋的问题。为了使这些研究产生更大的社会影响，我们每年都公开出版其中的一部分成果。《CCIEE 智库丛书》是我中心推出的全新品牌，每年由 CCIEE 学术委员会从众多研究成果中评选出一批优秀成果，出版成册，以期对国家和部门决策及社会舆论产生积极影响。

序

　　工业是国民经济的基础。改革开放以来，我国工业化进程加速推进，到"十一五"末、"十二五"初时，已经基本完成了工业化中期阶段，进入工业化后期。党的十八大报告提出了到 2020 年工业化基本实现的目标，衡量这一目标能否实现需要量化的标准和指标。发达国家都是在 20 世纪完成工业化的，但怎么判断一国是否完成了工业化进程，在不同的历史时期，内涵和标准自然有所不同。

　　中国工业化进程面临一系列重大挑战，既有自身的因素，也有外部环境的制约。到 2020 年要基本实现工业化，对我国工业发展面临的深层次矛盾以及日益复杂的外部环境要有准确的认识。能否成功应对这些挑战，决定了中国工业化进程能否继续顺利推进。改变传统工业发展方式，走新型工业化道路，推动我国由工业大国向工业强国转变，具有十分重大的战略意义，需要进行一系列的战略布局和调整。

　　中国国际经济交流中心对中国工业化进程问题进行了研究，《中国 2020 年基本实现工业化：主要标志与战略选择》一书，对相关重大问题给出了回答。

中国工业化进程既遵循世界各国工业化道路的普遍规律，也具有自身的显著特点。评价中国的工业化进程状况，要从我国工业化发展的国内外环境和具体国情出发，标准和指标要体现时代性和国家特点。基于这样的原则，研究团队选取了五个方面十大指标，对中国工业化进程进行衡量，作出了 2020 年中国可以基本实现工业化目标这一基本判断。

中国要在 2020 年基本实现工业化目标，必须以切实推进多项工业化战略作为保障，研究团队针对工业结构优化调整、自主创新能力提高、战略性新兴产业发展、"四化"融合以及工业管理体制改革等问题进行了深入分析，给出了有针对性的政策建议。

工业化问题十分复杂，中国国际经济交流中心提出了自己的判断和见解，希望本书对工业化研究和相关决策有所裨益。

李荣融

2014 年 8 月 25 日

目　录

表目录

图目录

第一章　世界主要国家工业化的经验

一　英国

（一）英国工业化的简要回顾

18 世纪 60 年代至 19 世纪 40 年代，英国发生了资本主义工业革命，是世界上最早进行工业化的国家，工业革命奠定了英国成为世界经济强国的基础。

1. 1760~1780 年：工业革命起步阶段

飞梭、珍妮纺纱机等先进机器的出现和使用，大大推动了英国棉纺织业的发展，标志着工业革命的开始。18 世纪 50 年代至 19 世纪 30 年代，英国完成了纺织业的机械化，劳动生产率因此提高了三四百倍。

2. 1780~1830 年：工业革命全面展开阶段

英国棉纺织业的迅猛发展，带动了各行业技术发明和革新的高潮。典型的是，1785 年，瓦特制成的改良型蒸汽机的投入使用，提供了更加便利的动力，从而得到迅速推广。蒸汽机的广泛应用，推动了一切工业部门的机械化，这标志着大机器生产时代的到来。由此，工业革命全面爆发。1804 年，铁路蒸汽机车的发明给英国交通运输业的发展带来了契机。1825 年，英国铺设了从斯托尔顿到达林顿的世界上第一条铁路。随后不断铺设的铁路线建立了以伦敦为中心，辐射各大城市的干线网。这一时期，英国对外贸易的年增长率从 1750 年的 1.1% 上升到 1831 年的 4.5%。18 世纪，英国工业增长约 3 倍，国内消费增长约 2 倍，而出口则增长了 4 倍以上。1781 ~ 1785 年，英国国内社会生产总值平均为 1369.3 万英镑，1801 ~ 1805 年猛增到 4089.7 万英镑。1760 ~ 1830 年，英国工业产量增长占到欧洲的 2/3，这段时期内，英国制造业占全世界的比重从 1.9% 上升到 9.5%。1820 年，英国以占世界 2% 的人口控制了全世界工业生产的 30% ~ 50% 以及接近一半的工业制成品贸易。

3. 1830 ~ 1840 年：工业革命基本完成阶段

19 世纪 40 年代，英国的机器制造业已能够为各个工业部门提供所需要的机器设备。19 世纪 50 年代，英国实现了机器制造业的机械化。作为各种机械设备运转的动力燃料，到 1835 年，英国煤产量迅速增加到 3000 万吨，成为欧洲第一产煤国。1848 年，英国的煤产量占世界的 2/3。1840 年前后，英国的大机器生产已基本取代工场手工业，英国"世界工厂"的地位由此而得以正式确立。至此，英国工业化基本完成，并成为世界第一个工业国家。1860 年前后，英国拥有相当于全球 40% ~ 45% 的现代工业生产能力，制成品产量为全球的 40%，生产了全世界 53% 的铁、50% 的煤。英国人均 GDP 从 1780 年的约 1200 美元上升到 1890 年的 3300 美元（以 1985 年价格折算），几乎增加了近 2 倍。英国成为当时世界上最富裕的国家。

4. 1950 年至今：后工业化时期

第二次世界大战后的经济建设恢复，使英国进入后工业化时期。19 世纪末至 20 世纪初这段时期里，借助于从英国引进的先进机器设备，以美国、德国为代表的一些国家在较高的技术起点上进行了各自的工业革命。英国在钢铁生产发展上的领先地位逐渐被替代。到1913年，英国的生铁产量只及美国的1/3，比德国的一半多一点；钢产量只及美国的1/4，不到德国的半数。

二战后，新技术工业，如汽车工业、化学工业和航空工业替代了传统产业，并一度推动了英国经济获得新的发展。1950年英国汽车产量为78.4万辆，1960年增至181万辆，1972年为232.9万辆。但与美国和德国等国比较，此时英国的汽车工业逐渐显露出颓势。例如，1970年，英国汽车产量621.6万辆，占世界汽车产量的比重为27.5%；到1978年，英国汽车产量下降到160.8万辆，占世界汽车产量的比重仅为3.7%。这一时期，由于汽车工业在与国外的竞争中已显颓势，在世界新一轮的科技革命的大环境中，英国着重发展以现代电子工业为主的新兴产业，包括电子产业、生物产业和新型材料工业，并且这些产业群已经形成。另外，跨国公司的出现，使得一些产业转移到海外。这段时期内，英国制造业在国民经济中的比重明显下降。1951~1974年，全部制造业平均年增长率为2.8%。对经济增长起重大作用的制造业在英国国内生产总值中所占比重在1950年为37%，到1976年下降为28%。截至2013年5月，制造业在英国经济产出中所占比重为10.5%。

（二）英国工业化完成的主要标志

从经济史的角度，英国工业革命不同于20世纪发生的两次技术革命，它是人类社会从传统农业过渡到近代工业、从古代社会过渡到近代社会的决定性步骤。我们认为，这一过渡的实现，是英国工业革命完成的标志，英国经济出现了以下几个特征。

1. 国民经济中农业比重不断下降，工业比重不断上升

合理的经济结构是经济迅速发展的重要条件。工业革命使英国经济结构发生了重大变化，农业在国民经济中所占比重迅速下降，国民生产总值中工业的产值超过农业。1788 年，农业在英国国民生产总值中的比例在 40% 以上，工业和建筑不到 21%；到 1850 年，农业降为 21%，工业和建筑上升为 35%，交通运输的比重从不到 12% 上升到 19%。经过工业革命，英国从一个工场手工业占统治地位的国家变为机器大生产占优势的国家。1863 ~ 1867 年，英国工业占国民经济的比重达到 54.6%，工业内部，制造业所占比重快速上升，达到 33.8%。1870 年，英国在世界工业生产中所占比重为 32%，英国成为当时世界上资本主义工业最先进的国家。从三次产业的结构看，1851 年英国农业、非农业工业、服务业的比例为 19.3∶36.4∶44.3，工业及由其产生的服务业的比重远远超过农业的比重。

2. 人口结构发生巨大变化，农业人口越来越少

1696 年格雷戈里·金估计在英国 550 万人口中，农村人口 410 万，约占总数的 3/4。18 世纪 60 年代，英国有半数以上的人口在城市。到 1821 年，英国从事农业的人口只占 33%，从事工商业的人口却占了 48%。1831 年，英国从事农业的共 96 万户，包括地主、农场主、自耕农和雇工，不到全国总户数的 30%。1841 年，在 20 岁以上的男子中，只有 25% 的从事农业，而从事工商业的则增至 43%。1851 ~ 1861 年，工业劳动力与农业劳动力的比例为 43.2∶20.2（妇女劳动力已按不同比例折算进去），工业劳动力是农业劳动力的两倍以上，这一比例与工农业产值比例相近，发生的时代也大体吻合。

3. 中产阶级规模不断扩大，居民生活水平普遍大幅提高

根据《剑桥欧洲经济史（第七卷）》中的数据，1870 年，英国

挣工资者在总就业人口中的比例达到 75%。工资在总收入中的比例
达到 40%。但是，在工人运动的压力和政府劳动立法的限制下，在
价值规律的刺激和技术进步的推动下，资本家改变了剥削方式，增
加相对剩余价值成为主要的剥削和竞争手段。为此就要提高资本有
机构成，同时需要懂技术、有文化的工人。于是，熟练工人与非熟
练工人的收入差距也扩大了，前者的状况明显改善，后者的贫困也
只是相对而言。1842 年据英国政府的一份报告称，收入不高的女工
下班后仍能打扮得花枝招展，"以至于人们认不出她们来"。20 世纪
初，英国人均粮食消费量大幅度下降，肉、鱼、蛋、奶、水果和蔬
菜也成了下层劳动人民的日常食品。人们平时议论的不再是吃不饱，
而是吃得太多了。如 1875～1900 年，英国居民的平均生活水平提
高 35%。

4. 新兴工业与新兴城市共同繁荣

经过工业革命，英国建立起纺织工业、冶金工业、煤炭工业和
机器制造业，修建了主要铁路干线，劳动生产率大大提高，工业生
产力分布发生了很大变化，出现了一批新的工业区和曼彻斯特、利
物浦、伯明翰等新兴工业城市，城市人口急剧增加。1860 年，英国
多数人已聚居在城市，总人口中只有 37.7% 的是乡村人口。相反，
英国一些传统的老城市则因与工业革命疏远而发展缓慢，英国东部
和西部的有些工业城镇几乎处于停滞状态。例如，诺里奇在工业革
命前还是英国的第三大城市，到 1801 年其城市排名降为第 10 位。

（三）后工业化时期工业发展的新特点和新趋势

1. 工业生产在世界工业生产中的比重日益下降

1950～1977 年，在世界工业生产发达的前七名国家（美国、英

国、西德、法国、意大利、日本、加拿大）中，英国所占比重呈直线下降，从 1950 年的 8.6% 减至 1977 年的 4.3%，缩小了一半，且从原来仅次于美国的地位，到 1960 年被西德超过而进一步下降为第三位，到 1970 年又被日本、法国超过而下降到第五位。受此影响，1951 年以来，英国国内生产总值增长率超过 4% 的年份，只有 1951 年、1963 年、1964 年和 1973 年。其他年份的发展速度都很低，其中 1952 年、1958 年、1974 年和 1975 年的国内生产总值（按固定价格计算）较上年还有所减少。20 世纪 70 年代以来，按人均国内生产总值，英国仅高于意大利，而落后于美国、西德、法国、日本（以 1976 年为例，英国为 4020 美元，美国为 7890 美元，西德为 7380 美元，法国为 6500 美元，日本为 4910 美元，意大利为 3050 美元）。

2. 国内投资增长明显放缓，劳动生产率增速下降

英国国内投资总额的增长速度自 60 年代下半期起已经放慢，而且在对国民经济至关重要的制造业部门，固定资本投资增长速度自 60 年代开始也显著放慢。据有关资料计算，英国制造业部门私营和国营企业厂房与设备投资，1956 ~ 1960 年，每年平均增长 5.3%，1961 ~ 1970 年，年平均增长率下降为 2.4%，1971 ~ 1976 年，则每年平均减少 11.2%。英国投资增长缓慢，使工业部门，尤其是老工业部门技术装备程度一般较低，设备更新较慢。因此，英国劳动生产率增长速度低于大多数主要资本主义国家。1961 ~ 1965 年，英国劳动生产率（指每小时产量）年平均增长率为 3.8%，美国为 4.5%，日本为 8.5%，西德为 6.4%，法国为 5.2%，意大利为 7.1%。1966 ~ 1970 年，英国劳动生产率年平均增长率为 3.4%，美国为 1.3%，日本为 13.1%，西德为 5.2%，法国为 6.5%，意大利为 5.2% 。1971 ~ 1975 年，英国劳动生产率年平均增长率为 2.6%，美国为 1.9%，日本为 4.4%，西德为 5.2%，法国为 2.9%，意大利为 5.1% 。

3. 服务业部门就业增多

这段时期内，首先，英国非物质生产部门，特别是政府官员、教师、社会工作者等服务部门就业人数增长的幅度比其他主要资本主义国家大得多。据英国经济学家培根和爱尔蒂斯计算，1961 ~ 1974 年，英国非工业部门（农业部门除外，包括运输和通信、商业、银行、金融、保险、房地产、旅馆饭店、中央和地方政府以及其他服务部门）就业人数增长幅度达到 33.9%；同期，美国增长 15.4%，法国增长 18.6%，西德增长 14.2%，意大利增长 10.3%，日本减少 1.5% 。同时，在英国非工业部门中又以政府官员、教师、社会工作者等为主的公共、社会和私人服务部门的就业人数增加得最快，其在整个就业人口中的比重要比其他主要资本主义国家大得多。1955 年英国公共、社会和私人服务部门就业人数占整体就业人数的 18%，1973 年增加到 30% 左右。而西德、法国、日本等国从 50 年代中期以来，公共、社会和私人服务部门就业人数占整体就业人数的比例一直保持在 20% 上下，都低于同期英国的比重。

4. 出口贸易下降

由于出口商品价格较高，英国出口贸易额增长速度也相应低于其他西方工业发达国家。1961 ~ 1970 年，英国出口贸易额每年平均增长 6.6%，美国为 7.6%，日本为 16.8%，西德为 11.6%，法国为 10% 。1971 ~ 1976 年，英国出口贸易额每年平均增长 15.5%，美国为 17.7%，日本为 23.2%，西德为 19.9%，法国 20.9% 。从上述材料可以看出，英国出口商品价格高于其他主要资本主义国家使其在国际市场上处于不利地位，是其出口额在世界贸易总额中所占比重不断下降的一个重要因素。

5. 对外投资规模和跨国公司的实力增强

在投资领域，根据经合组织的有关统计，英国 1971～1980 年对外直接投资的总量为 551 亿美元，仅次于美国，居世界第二位；1981～1990 年总量为 1838 亿美元，仅次于日本，也是居第二位。牢固的对外投资地位是英国经济实力的一种反映。再以跨国公司为例，"1990 年以来，公司改变了世界经济"。英国的企业已有 400 年的历史。在企业从工厂到公司、从跨地区公司到跨国公司的发展过程中，英国一直占有一席之地。英国石油公司、帝国化学工业公司、英国宇宙公司以及壳牌石油公司、尤尼莱佛公司等都是当今全球经济中的佼佼者。

二 美国

美国工业化的实现历时约 100 年，并造就了世界头号强国。这既与美国殖民地背景、没有封建制的牵绊有关，又与其广泛承接科技革命的成果，并重视自主创新与技术进步密切相关。美国的工业化经验值得借鉴。

（一）美国工业化进程的简要回顾

美国工业化讫于独立战争以后，但离不开殖民地时期奠定的产业基础和市场需求的累积。特别是独立战争后，领土的扩张、移民和技术的引入、资本的聚集为美国工业化发展提供了必要的条件。

1. 殖民地时期工业化的萌芽（17 世纪初至 18 世纪 80 年代）

在整个殖民地时期，美国工业的发展始终没有超出手工劳动的范围。从工业部门来说，纺织工业发展得最早，其次是木材加工业、造船业和冶铁业。由于英国政府通过垄断殖民地的内外贸易来控制殖民地工业的销售市场，极大地限制了美国工业的发展。

2. 美国工业化的起步与第一次跃进——工业革命时期（18 世纪末至 19 世纪 60 年代）

18 世纪 90 年代，水力纺纱机的出现标志着美国工业革命开始，并表现出较明显的不平衡性。当北部工业革命完成时，南部地区尚未开始；而当南部地区完成工业革命时，北部已进入第二次工业革命阶段，中西部的工业革命则在更晚时期。

以纺织工业为代表的轻工业率先发展。19 世纪初期，美国北部地区的棉纺织业出现两次大发展的高潮。纺织业生产效率大幅提高，工业资本不断集聚，加上政府的保护关税政策，使北部地区的棉纺织业迅速发展。1860 年，美国全国棉纺织业的产值已达 1.16 亿美元，纺锭数量达到 523.57 万枚，跃居世界第二位[①]。

钢铁工业进入蓬勃发展时期。钢铁工业是重工业发展的基础。在 19 世纪 40 年代初，冶铁技术、轧铁技术、铸锻技术和炼钢技术得以改进，极大地推动了美国钢铁工业的发展，为机器制造业、交通运输和各轻工业发展打下了雄厚的基础，推动工业革命深入发展。

机器制造业初具规模。美国机器制造业采用标准化法生产机器部件和零件，并将引进技术与发明创造相结合。到 19 世纪 60 年代

---

① 韩毅：《美国工业现代化的历史进程（1607～1988）》，经济科学出版社，2007，第 59 页。

初，美国北部的机器制造业已初具规模，成为一个独立的较为完整的工业部门，标志着北部工业革命的基本完成。

国内外贸易总额迅速增长。19 世纪初期，美国消费品主要从外国进口，国外贸易额一直大于国内贸易额。到 1860 年，美国消费品转为主要由国内生产。1854 年美国国内贸易额为 10 亿美元，而对外贸易为 5 亿美元[①]。1790～1860 年，美国的对外贸易总额从 4300 万美元增加到 7 亿美元，占世界贸易总额的比重达到 11%，与法国并列世界第二位。[②]

3. 美国工业化的第二次跃进高潮——第二次工业革命时期（19 世纪 70 年代至 20 世纪初）

19 世纪 60～70 年代，发电机和电动机的发明成为第二次工业革命的标志。在美国北部进入第二次工业革命阶段时，南部和西部地区刚刚开始工业化进程。在这次工业革命中，美国取代英国成为新的工业革命领导者。

橡胶、石油、电气等新兴工业兴起。美国的橡胶工业发展迅速，19 世纪末 20 世纪初，在全世界 8 家大型橡胶公司中美国占了 4 家。美国石油工业起步晚于橡胶工业，但发展迅速。石油产量由 1859 年的 2000 桶猛增至 1869 年的 4215000 桶[③]，超过了当时世界其他国家产量的总和。石油开采量由 1870 年的 2 亿加仑增加至 1900 年的 27 亿加仑[④]。

重工业逐渐取代轻工业成为工业发展的主导。19 世纪下半期，

---

① 韩毅：《美国工业现代化的历史进程（1607～1988）》，经济科学出版社，2007，第 75 页。

② 〔日〕宫崎犀一等：《控国际经济要览》，中国财政经济出版社，1990，第 21 页。

③ 张友伦等：《美国工业革命史》，天津人民出版社，1981，第 109 页。

④ 鲁道夫·吕贝尔特：《工业化史》，上海译文出版社，1972，第 124 页。

纺织工业继续发展，纺锭数由 1867 年的 800 万枚增加到 1913 年的 3100 万枚。制鞋业销售总额由 1860 年的不到 1 亿美元增加至 1914 年的 5 亿多美元。[①] 钢铁工业得到巨大发展。生铁产量由 1860 年的不足 100 万吨增加到 1915 年的 3300 多万吨；钢产量由 1867 年的不到 2 万长吨上升到 1915 年的 3200 万长吨[②]。汽车和机车制造业逐渐成为独立的工业部门，并实现快速发展。汽车产量从 1895 年的 4 辆猛增至 1913 年的 120 多万辆。

4. 世界大战期间美国工业化的曲折发展（20 世纪初至 20 世纪 50 年代）

第一次世界大战时期美国工业的繁荣发展。一战时期，美国以中立国出现，成为交战各国所需物资的主要供应国。战争物资的大量出口，极大地刺激了美国外贸、运输和工农业的发展。1913 ~ 1916 年，美国出口总额由 25 亿美元增为 55 亿美元。工业生产指数上升 30%，钢产量由 3130 万吨增加为 4280 万吨，工人总数由 3580 万人增至 4000 万人。工业总产值由 1914 年的 242 亿美元增加到 1916 年的 624 亿美元。[③]

"20 年代的工业繁荣"。一战结束后，欧洲国家因战争的沉重负担而陷入贫困，导致美国在战时膨胀的工业生产能力与战后国际市场与国内市场迅速缩小产生了尖锐的矛盾，带来了 1920 ~ 1921 年美国经济的短暂危机。到 1923 年，美国经济出现新的繁荣，表现为：一是战时急剧削减的民用工业得到蓬勃发展，以满足积压的需求；二是战时获得大量利润的资本家开始新一轮的固定资产更新，并大

---

① 韩毅：《美国工业现代化的历史进程》，经济科学出版社，2007，第 96、97 页。
② 美国商务部：《美国历史统计，殖民地时期至 1957 年》，1960，第 416、417 页。
③ 韩毅：《美国工业现代化的历史进程》，经济科学出版社，2007，第 134 页。

规模推行"产业合理化",极大地提高了劳动生产率;三是欧洲国家的实力被削弱,给美国资本对外输出并占领国际市场创造了契机;四是分期付款和赊销等新消费方式的出现,大大刺激了日用产品的销售。

以汽车、电力等为代表的重工业发展迅速。汽车制造业在 20 年代发展成为美国最大的工业部门,汽车产量由 1920 年的 924 万辆增至 1929 年的 2647 万辆;汽车制造业年均产值达 30 亿美元,1929 年为 37.19 亿美元,占美国工业总产值的 8%。汽车工业直接雇佣工人占全国工人总数的 5% 以上。[1] 电力工业成为美国第二个最重要的工业部门。电气工业产值由 1917 年的 9.98 亿美元增至 1929 年的 23 亿美元。[2] 建筑业蓬勃发展。房屋建筑费用由 1916 年的 9.19 亿美元上升至 1925 年的 34 亿美元。1929 年,建筑业工人达 244 万人。[3] 汽车工业、电气工业和建筑业的巨大发展,带动了美国钢铁工业的增长。此外,航空工业、公共事业、化学工业等也有较大的发展。

30 年代的经济危机与罗斯福"新政"。美国工业生产能力的过度膨胀与消费市场容量日益缩小的矛盾引发了经济的大萧条。为挽救美国经济,罗斯福实施以"全国产业复兴法"为代表的"新政"。"复兴法"提出由国家对工业生产进行节制和管理,大规模举办公共工程,增加就业,扩大社会救济,调整劳资关系,缓和社会矛盾。"新政"对美国的经济复苏起到了一定作用。

二战时期美国工业化的发展。二战初期,美国未加入战争,工

① 菲特等:《美国经济史》,辽宁人民出版社,1981,第 674 页。
② 黄绍湘:《美国通史简编》,人民出版社,1979,第 499 页。
③ 菲特等:《美国经济史》,辽宁人民出版社,1981,第 675 页。

业生产集中于煤炭、石油、铁矿石、钢和铝等原料、燃料和基础工业部门。1941 年底，美国介入战争，工业生产迅速向战时经济过渡，军事物资产值由 1941 年的 84 亿美元增至 1942 年的 302 亿美元，为德国、意大利、日本三国总值之和。到 1944 年，美国工业产品数量达到 3 个轴心国家的 2 倍。[①]

5. 战后工业化的高速发展（20 世纪 50~60 年代）

战后初期，由于战时所用的军事科技迅速转为民用，企业开始新一轮的设备更新和厂房新建等固定资本更新，战时积压消费需求的释放以及海外市场空间的扩大，使美国工业快速发展。

工业内部结构发生变化，新兴工业迅速崛起。传统的工业部门增长缓慢，在整个工业中的地位趋于下降，而与新技术关系紧密的新兴工业迅速崛起。石油、化学、合成材料和电子等工业取代钢铁和重型机器制造等传统工业的地位。战后，石油和天然气工业进一步扩张，取代煤炭成为美国主要的动力能源。到 70 年代初，煤的比重下降到 18.2%，石油的比重上升到 44.2%，天然气的比重上升到 32.9%。电子工业作为美国新兴的工业部门得到飞速发展。1970 年电子工业产值较 1950 年增长 8 倍多，军用电子产品的产值则增加了 16 倍。[②]

第三产业逐渐成为美国国民经济中的最大部门。农业在国民经济中的地位持续下降，由 1950 年的 7.3% 下降到 1973 年的 4.1%；但农业产值仍保持上升势头，由 1950 年的 208 亿美元上升到 1973 年的 539 亿美元。工业在国民生产总值中的比重有所下降，由

---

① 阿瑟·林克、威廉·卡顿：《1900 年以来的美国史》，中国社会科学出版社，1955，第 197 页。

② 韩毅：《美国工业现代化的历史进程》，经济科学出版社，2007，第 210、214 页。

1950 年的 37% 下降到 1973 年的 31.2%，产值由 1060 亿美元增加
到 4079 亿美元。第三产业是美国战后发展最快的部门，产值从
1950 年的 1560 亿美元增至 1973 年的 8332 亿美元，增长了约 4
倍。同期，第三产业在国民经济中所占比重也由 54.5% 增长
到 63.8%。[①]

表 1-1　美国各产业部门占国民生产总值的比重

单位：亿美元，%

年份	国民生产总值	第一产业		第二产业		第三产业	
		金额	占比	金额	占比	金额	占比
1950	2862	208	7.3	1060	37.0	1560	54.5
1960	5060	215	4.2	1797	35.1	3031	59.9
1970	9824	287	2.0	3159	32.2	6353	64.7
1971	10549	337	3.2	3302	31.3	6873	65.2
1972	11711	353	3.0	3657	31.2	7615	65.0
1973	13066	539	4.1	4079	31.2	8332	63.8

（二）美国工业化完成的主要标志

纵观世界各国工业化发展进程，工业化完成的标志主要体现为
工业在国民经济中的地位、工业内部结构变化、工业就业人口占总
就业人口的比重以及工业产值在世界总产值中的比重等方面。美国
完成工业化的时间在 19 世纪末 20 世纪初，主要特点如下。

1. 工业在整个国民经济中占主导地位

美国工业（制造业与矿业）从 1889 年开始在国民经济中占主导

---

① 韩毅：《美国工业现代化的历史进程》，经济科学出版社，2007，第 216、217 页。

地位。据统计，1889 年美国制造业与矿业总产值在国民生产总值中的比重达到了 52%，首次超过了农业产值在国民生产总值中的比重（见表 1-2）。

表 1-2　1839~1889 年主要年份美国各部门产值所占比重

单位：%

年份	农业	矿业	制造业	建筑业
1839	72	1	17	10
1849	60	1	30	10
1859	56	1	32	11
1869	53	2	33	12
1879	49	3	37	11
1889	37	4	48	11

1850~1900 年，美国农业产值在国民生产总值中的比重逐年下降，但绝对值从 16 亿美元增加到 47 亿美元，而同期，美国工业（矿业除外）生产总值却从 10 亿多美元增加到 114 亿美元，增长了 10 倍。[①]

2. 重工业成为工业发展的主导

1860 年以前，轻工业在美国工业中占绝对统治地位。南北战争后，美国进入重工业迅速发展时期。生铁产量由 1860 年的 84 万吨增加到 1900 年的 1401 万吨，到 1913 年增加到 3146 万吨。钢产量由 1860 年的 1.2 万吨增加到 1900 年的 1035 万吨和 1913 年的 3180 万吨。煤产量由 1860 年的 1820 万吨增加到 1913 年的 50000 多万吨。[②]

---

① 福克纳：《美国经济史》（下卷），商务印书馆，1964，第 38 页。

② 樊亢、宋则行：《外国经济史》，人民出版社，1982，第 41 页。

表 1 - 3 1860 年和 1914 年美国各主要工业行业排名情况

单位：千美元

排序	1860 年		1914 年	
	行　业	产　值	行　业	产　值
1	面粉及肉食	248580	屠宰及肉食罐头	1651965
2	棉织品	115726	钢铁	918665
3	木材	104928	面粉厂及各粉厂产品	877680
4	靴鞋	91889	翻砂及机器厂产品	866545
5	翻砂及机器	88648	木料及木材产品	715310
6	成衣	88095	棉织品	676569
7	皮革	75698	铁路车辆及一般制造与修理	510041
8	毛织品	65706	汽车	503230
9	酒类	56588	靴鞋	501760
10	蒸汽机	46757	印刷及出版	495906

资料来源：福克纳：《美国经济史》（下卷），商务印书馆，1964，第 42 页。

1880～1914 年，美国轻工业产值增加了 3 倍，而重工业产值增长了 5 倍多。轻重工业比由 1860 年的 2.4∶1 变为 1900 年的 1.2∶1。1900 年，美国重工业产值接近工业总产值的一半，重工业已成为工业发展的基础，美国工业开始进入以重工业为主导的发展时期。

3. 工业就业人口占总就业人口的比重大大提高

南北战争后，美国人口迅速增长，主要得益于国外移民入境数量的增加。1861～1910 年，约 2300 万移民迁入美国境内，美国总人口也从 3150 万人增加到 9200 万人。1860～1910 年，美国就业人口总数由 1050 万人增至 3770 万人。其中，农业就业人口占全国总就业人口的比重由 60% 降低到 31.6%。而工业就业人口占全国总就业人口的比重在 1900 年达到 30%，略低于农业的 37.6%，1910 年为 32%，超过了农业。

4. 工业总产值跃居世界第一位，工业产值增长率远远高于世界平均水平

从工业总产值来看，1860 年美国是 19.07 亿美元，占世界工业总产值的 15%，落后于英国、法国和德国，居第四位。到 1894 年，美国工业总产值增加到 94.98 亿美元，为同年英国（42.63 亿美元）的 2 倍多，跃居世界第一位。美国工业产值增长率在 1870～1900 年平均为 7.1%，远远超过了 1870～1913 年世界平均水平（5.8%～6.3%）。同时，美国钢产量在 1890 年已居世界第一位，生铁产量于 1900 年超过德国，居世界第一位；煤产量在 1890 年超过法国和德国，居世界第二位，于 1913 年达到英国、德国、法国三国产量总和；石油产量于 1890 年居世界第一位。[①]

5. 重大技术创新推进工业化进程

19 世纪下半期，资本主义世界进入以电气工业为代表的第二次工业革命时期，诸多重要的技术创新源自美国，极大地推动了美国的工业化进程。1844 年莫尔斯发明第一部实用电报机，1878 年贝尔发明电话，1880 年爱迪生发明电灯，1895 年美国实现了水力发电。19 世纪末，美国出现多家电厂和中心电站，电动机开始大规模取代蒸汽机成为工业的主要动力，使得电气工业部门迅速建立并发展。其他如食品冷冻技术、面粉"精加工"技术、环形纺纱机、诺思罗皮自动织机、钢铁冶炼技术的改进以及内燃机技术的完善等，均推动了美国各主要工业部门的快速发展，使美国一跃成为世界头号工业强国。

（三）后工业化时期工业发展的特点和趋势

20 世纪 70 年代以后，美国进入后工业化时期，出现明显的

---

① 韩毅：《美国工业现代化的历史进程》，经济科学出版社，2007，第 104～106 页。

"去工业化"倾向。对美国 GDP 贡献最大的不再是制造业，而是金融、房地产服务业（不包括住宅建筑业）。① 直到金融危机以后，美国政府才重新认识到实体经济的重要性，进而开启"再工业化"进程。

1. 美国后工业化时期的主要特点

后工业化时期，美国工业发展的主要特点为：一是服务业占国民经济的比重稳步提高；工业产值逐年增加，但占比不断下降。美国工业产值由 1987 年的 26949 亿美元增加到 2011 年的 63291 亿美元，增长了 1.35 倍。但工业在国民经济中的比重由 1987 年的 26% 下降到 2011 年的 19%，而同期服务业产值在国民经济中的比重则由 72.3% 上升到 80%，成为美国经济绝对的主导者。二是制造业产出规模大幅提升与就业人口不断下降并存。1980 年，美国制造业产值为 1543 亿美元，就业人口达到 1873 万人；2008 年，制造业产值达到 4319 亿美元，增长了 1.8 倍，但就业人口仅为 847 万人，为 1980 年的 45.2%。制造业就业人口占非农就业人口的比重由 20.7% 下降到 5.6%。三是全球化背景下，美国工业产业全球布局的特征明显。在全球化背景下，美国借助跨国公司，不断将不具有相对优势的产业转移到发展中国家，形成了全球产业链布局，利用发展中国家的廉价劳动力和自然资源，转嫁环境污染成本，支撑美国工业规模的增加。四是工业产业结构中，高精尖产业比重大幅提升。为确保经济地位，美国大力发展以信息技术、生物技术、高端医疗设备、空间技术、人工智能等为代表的

---

① 在次贷危机之前，美国金融、房地产业的利润总额占美国企业利润总额的 40% 以上；美国标普 500 强企业的总利润中也有 25% ~35% 由金融和房地产业务产生。

高端产业，牢牢把握技术优势，占据产业高端位置。五是服务业中的生产性服务业比重逐步增大。随着服务业产值在国民经济中的比重不断增加，服务业内部结构也在发生变化，原本占比较大的流通服务业比重不断降低，而生产性服务业、消费性服务业和生产消费混合功能性服务业的比重不断上升，服务业结构随之升级。

2. 美国"再工业化"战略的提出

近年来，美国经济中制造业等实体经济的比重不断下降，转而依靠金融业和房地产服务业等虚拟经济，最终引发次贷危机。为摆脱危机影响，提振美国经济，奥巴马政府开始了以大力发展先进制造业等实体经济为主要内容的"再工业化"战略。美国的"再工业化"不是简单的再度工业化，而是在一次工业化基础上进行的，以生物、信息、新能源和纳米技术等高新技术为依托的更高层次的工业化，旨在推动传统经济部门的产业升级，发展新兴领域，打造新的经济增长点。"再工业化"战略明确指出，优先支持高技术清洁能源产业，振兴汽车工业，发展生物工程产业，支持智能电网和节能改造，培育纳米技术等新兴产业。

3. 美国工业化发展的新趋势

根据美国政府提出的"重塑美国制造业框架"，美国工业化将呈现以下趋势：一是继续大力发展信息技术和相关产业。二是继续大力发展生物技术和相关产业，控制世界农产品市场，维护世界霸权。三是发展生物医药与诊断和手术设备，继续控制全球潜力巨大且被发展中国家高度依赖的高端医疗设备和药物市场。四是力保在航空航天技术和开发领域的领先地位，将美国优势从陆地、海洋延伸到太空。五是继续扩大文化产业及其影响。六是大力发展人工智能、机器人和数字制造等技术，实施自动化，降低生产和流通成本，提高竞争力，重振传统制造业。

三　日本

日本用了不到 100 年的时间，国民生产总值就超过了除苏联和美国外的其他国家，成为世界上有实力的工业强国。在世界历史上，没有一个国家像日本这样如此之快地崛起。

（一）工业化进程的简要回顾

1. 工业化初始阶段

19 世纪 80 年代至一战开始这一时期是日本工业化初始阶段。在这一阶段，日本工业迅速发展，农业也保持了较高劳动生产率及增长率。农业持续发展不仅促进了工业生产，而且推动大量农村劳动力转移到非农业部门，为非农产业发展提供了人员保障。1885 ~ 1914 年，日本 GDP 年平均增长率为 2.7%。这一时期，农业增长对 GDP 增长的贡献度接近 20%。1889 ~ 1920 年，三次产业 GDP 增长率分别为 1.54%、6.38% 和 3.94%，第二产业增长速度最快，并创造了该时期 GDP 增加额的一半左右。1888 年，日本三次产业的 GDP 构成为 41.5∶12.2∶46.3，1920 年演变为 24.7∶32.1∶43.2。第一产业就业人员的比例从 1885 年的 65.2% 下降到 1915 年的 54%，第二产业和第三产业则分别上升到 1920 年的 23.9% 和 22.7%。

这一时期，日本工业化的主导产业是轻工业，轻工业的发展为日本工业化奠定了基础。日本工业化初期，轻工业增长率为 4.5%，接近工业平均增长率，其中，纺织工业在 1885 ~ 1915 年的平均增长率高达 7.5%。尽管轻工业平均增长率低于重化学工业（平均增长率近 8%），但轻工业产值及其对制造业增长的相对贡献度高于重化学工业。其中，轻工业实际生产额占工业生产总额的比重在 1877 年为 69%，1900 年达到 73%，1920 年为 58.4%；而轻工业对制造业增长的相对贡献度在 1877 ~ 1900 年达到 75.2%，1900 ~ 1920 年为 50.5%。这说明，工业化初期，轻工业是促进工业化发展的主导产业，而且轻工业发展为重化学工业化奠定了基础。轻工业的快速发展带动了机械设备的生产，并且大量引进近代技术，提高了产品竞争力，扩大了产品出口。19 世纪 80 ~ 90 年代，纤维制品的出口额占同期商品出口总额的 9%，进入 20 世纪后增加更是迅速，其比率上升为 51% ~ 65%，为进口其他所需设备和技术提供了大量的外汇支持，推动了重化学工业化乃至工业化的加速发展。同样，在战后经济恢复时期，纤维业仍然是日本出口的中枢产业，起到了支持战后复兴和重化学工业化的作用，直到 1952 年，钢铁出口才超过纤维工业，居于首位。

2. 工业化畸形发展阶段

从一战开始至二战结束的一段时期，尽管日本经济保持了较高的发展速度，但在两次世界大战以及日本大规模对外侵略扩张的背景下，日本工业化经历了一个严重畸形化发展阶段。一战结束后，日本经济快速稳定发展，工业化程度得到较大提高。实际 GDP 增长率从 20 年代的 2.41% 提高到 30 年代的 4.86%。三次产业的 GDP 结构发生较大变化。1920 年三次产业的 GDP 构成为 24.7∶32.1∶43.2，至 1938 年达到了 15.9∶51.8∶32.3。三次产业的就业结构在 1920 年为 53.4∶23.9∶22.7，到 1938 年达到 44.7∶28.7∶26.6。这一阶段，第一产业的 GDP 比重及就业人数大幅度降低；第二产业迅速增长，就业人员比例明显提高，但相对产值而言，其对就业的贡献相对较小；第三产业的 GDP 比重虽出现了较大幅度的回落，但其吸纳的就业人员数量在增长。尽管日本工业化在 1938 年以前获得了快速发展，但受战争的影响，军需工业的过度膨胀造成日本工业化的畸形发展。1920～1930 年，第二产业对 GDP 增长相对贡献度为 85.9%，第二产业的发展是超常规的。二战爆发后，为适应战争需要，以重化学工业为主的军需工业超常发展。1938～1945 年，重化工业在工业中所占比重从 1937 年的 55.8% 迅速上升到 1942 年的 70.2%，1944 年进一步上升到 79%。虽然重化学工业的发展对日本工业化做出了一定的贡献，但这是一种在不正常环境下的不平衡发展的工业化过程。

3. 工业化快速发展并完成阶段

战后恢复时期至 20 世纪 80 年代中期，是日本工业化迅速发展并最终完成的阶段。1946～1955 年是战后经济恢复时期，1955～1973 年是日本经济高速增长时期，1974 年至 80 年代前半期被称为稳定增长期和泡沫经济期。

二战使日本经济遭到严重破坏，恢复经济成为日本战后初期的首要目标。日本政府为此实行倾斜生产方式，以煤炭、钢铁工业为中心发展重点产业，并实施土地改良政策，以恢复粮食生产。1948 年日本经济开始出现好转。1950 年朝鲜战争爆发，特需订货增加，带动了出口及生产出口商品的纤维、食品、金属、钢铁、机械等工业迅速发展及其技术水平的显著提高，对日本经济恢复起到了促进作用。20 世纪 70 年代以前第二产业的产值一直保持着两位数的增长，是劳动力就业的主要吸纳力量，极大地推动了日本的工业化进程，而在 70 年代以后，第三产业超过第二产业并保持稳定增长，成为日本产业结构进一步优化的主要推动力量。

（二）工业化完成的主要标志

在 1955～1973 年不到 20 年的时间里，日本经济创下了每年平均 9.2% 的实际经济增长率的记录。在此期间，日本 GNP 的规模陆续超过了一些发达国家，1968 年日本跃居为继美国、苏联之后的世界第三经济大国。日本工业化也是在这一时期完成的，主要特征包括以下几个方面。

1. 各工业部门迅速增长、产业结构发生变化

在这一时期，除了农林水产业，各工业部门都实现了高增长率，增长最快的是加工组装型产业和重化学工业，年均增长率分别达到 20% 和 18.2%。服务产业年均增长率低于工业部门，与总体增长率相当（见表 1-4）。

表 1-4　各经济活动的实质国内生产总额的年平均增长率

单位：%

年　份	1955～1973	1973～1985	1985～1990	1990～2000
总增长率	9.4	3.6	5.2	1.5
农林水产业	1.1	−0.2	0.8	−3.3
矿产业	7.4	−0.8	1.4	−3.9
制造业	12.8	4.2	4.8	1.2
轻工业	10.0	2.2	2.3	−1.3
重化学工业	18.2	5.9	6.4	2.5
基础原材料型产业	17.2	3.1	3.4	0.5
加工组装型产业	20.0	8.9	8.4	3.8
建筑业	10.8	0.4	8.0	−2.4
电力、煤气、自来水	11.0	4.3	3.7	2.2
服务产业	9.5	4.4	5.2	2.5

资料来源：转引自《日本经济史 1600～2000》。

产业间增长率的差异催生出了产业结构的变化。1955 年农林水产业在名义 GDP 中所占比例为 21.0%，之后出现大幅下降，1973 年下降到 6.1%。与此相对应的是制造业，尤其是重化学工业的比重迅速提升。从名义值来看，制造业的比重在 1955～1973 年期间是上升的，然后一直处于下降趋势，而服务产业的比重在所有时期都是上升的。伴随着高速增长的终结，制造业在国内经济中所占比重持续下降，而服务业经济化则在不断发展（见表 1-5）。

表 1-5　国内总生产的经济活动类别构成比（名义值）

单位：%

年　份	1955	1973	1985	1990	2000
农林水产业	21.0	6.1	3.4	2.6	1.5
矿产业	2.1	0.8	0.3	0.3	0.1
制造业	30.0	36.4	31.4	28.3	23.6
轻工业	17.4	13.1	11.1	10.0	8.1
重化学工业	12.5	23.3	20.3	18.4	15.5
基础原材料型产业	7.5	11.1	7.8	7.3	6.0
加工组装型产业	5.0	12.1	12.5	11.1	9.5
建筑业	4.8	9.1	8.4	10.5	8.0
电力、煤气、自来水	2.5	1.8	3.4	2.7	3.0
服务产业	39.7	45.9	53.0	55.6	63.9

资料来源：转引自《日本经济史 1600～2000》。

2. 伴随技术革新，设备投资快速增长

这一时期的增长主要是由内需，尤其是积极的民间设备投资拉动的。日本国内企业开始积极地进行设备投资的契机是由朝鲜战争带来的特需，在 20 世纪 50 年代后半期，以化学、金属、机械产业为中心的重化学工业部门的投资增长尤为明显。经济增长方式开始由出口导向型向设备投资主导型转变。1956～1973 年的增长期里，

出口的比重在下降，而民间设备投资的贡献率在上升。50年代中期后，设备投资在GDP中所占份额从10%增长到20%。这一时期大部分活跃的设备投资都伴随着技术革新。日本的生产设备大多是从战时沿用下来的，老化情况严重，新设备的更新显著地提升了生产能力。但是，战时在海外被开发并实际应用的产业技术到了这一时期，集中地被引入日本，加速了技术革新。在战争时期，由于断绝了与海外的技术交流，日本与欧美发达国家之间的技术差距拉大。但是战后的技术引入将差距迅速缩小。而且，被军需生产培育起来的技术在战后被转用到了民间部门。日本企业利用这些新技术，一方面试图实现产品的批量生产，另一方面推行提高品质、降低价格的程序创新。

3. 重化学工业迅速发展

重化学工业的发展是一国工业化的主要推动力量。纵观日本工业化的过程，在轻工业尚处于快速发展时期时，重化学工业已经开始加速发展，并逐步完成了主导产业由轻工业向重化学工业的转变，这种转变推动了工业化进程的加快及最终完成。从这一时期生产额来看，制造业以年率12.8%、就业率以年率4.0%的水平增加。其中，重化学工业的生产额增加率大大超过轻工业10%的水平，达到了18.2%，在生产额上后来居上，也超过了轻工业。尤其是电气机械的生产额增加率达到了27.6%的出类拔萃的水平，显示出以家电为代表的新兴机械产业快速发展。此外，重化学工业的一个特征是劳动生产性的上升率也很高。在重化学工业中，由于进行了技术革新的设备投资，在生产扩大的同时，也实现了大幅超过雇佣增加的生产力的提升（见表1-6）。

表 1-6 各产业生产额、就业人数及劳动生产性

单位：万人，%

项　目	就业人数		生产额增长率	就业人数增长率	劳动生产性增长率
	1955 年	1973 年			
产业合计	3836.3	5205.6	9.4	1.7	7.5
农林水产业	1679.5	903.3	1.1	-3.4	4.6
矿产业	47.5	18.8	7.4	-5.0	13.1
制造业	746.5	1521.6	12.8	4.0	8.4
轻工业	459	777.6	10.0	3.0	6.8
重化学工业	287.5	764.2	18.2	5.6	11.9
基础原材料型产业	119.8	260.8	17.2	4.4	12.2
加工组装型产业	167.7	503.4	20.0	6.3	12.9
建筑业	217.3	520.9	10.8	5.0	5.6
电力、煤气、自来水	19.8	30.9	11.0	2.5	8.3
服务产业	1125.7	2210.2	9.5	3.8	5.4

资料来源：转引自《日本经济史 1600～2000》。

4. 人口迁移和内需扩大

大量的青年劳动力从农村向城市的流动，支撑着日本经济的高速发展。高速增长一开始，以东京圈、关西圈、名古屋圈这三大都市圈为中心的太平洋沿岸地区的工业得到发展，从而催生了从农村到城市的大规模人口流动。20 世纪 60 年代前半期，向东京的人口迁移开始停滞，而周边地区的人口显著增加。由于住宅需求的增加，东京大部分的耕地变成住宅用地，可以说城市内部的边界已经消失。人们开始到郊外购房，逐渐形成了面向小家庭的住宅区。以东京为中心的都市圈急速扩大，由于多数人在市中心工作，又促进了铁路运输能力的加强和道路网的完善。

5. 中小企业蓬勃发展

这一时期，工业中从业人员在 300 人以下的中小企业工人数同

工人总数一样都增加了 2 倍以上，其占工人总数的比重基本保持在 72% 左右，即使是 10 人以下的企业的工人数也增长了 1.9 倍，约占工人总数的 56%。需要指出的是，中小企业不仅数量不断扩大，吸纳的就业人员数量稳定增长，而且在产值方面，中小企业同样占据重要地位。比如，1955～1975 年，从业人员在 300 人以下的中小企业的出厂商品总值增长了 18.2 倍，仅比大企业增长低 1.3 倍，而且其绝对值大于大企业，在工业总产值中所占的比重始终保持在 52% 左右。

（三）后工业化时期工业发展的新特点和新趋势

后工业化时期，经历 1974 年美元冲击和石油危机带来的外来冲击后，日本经济出现了战后首次负增长。1985 年，广场协议签订，日元迅速升值。1986～1987 年，股价和地价大幅上涨，大量资金涌入股票和房地产市场，最终产生了泡沫。泡沫景气在 1991 年初终结，日本经济进入低迷期，即"失去的十年"。1992～2006 年，平均每年的实际经济增长率只有 1.2%。这一时期日本的工业化也表现出新的特点。

1. 工业结构发生变化，服务业增加值占比持续增大

1973 年第一次石油危机后，由于能源价格和工资的上涨，钢铁、造船、石油化学等从高速增长初期就是领头羊的产业最终失去了竞争力。取代这些产业且引领 20 世纪 70 年代后半期至 80 年代经济增长的产业是汽车、电子等加工组装型产业。日本的汽车业在 70 年代以后，以美国市场为中心，迅速扩大了出口。与结构萧条产业的停滞形成鲜明对比的是，日本的汽车生产量在石油危机后的 70 年代后半期持续增加，到了 70 年代末，已经达到可以与世界上最大的汽车生产国——美国相抗衡的水平了。

后工业化时期，产业结构另一个重要变化是服务业增加值占 GDP 的比重持续增大。70 年代中期至 90 年代初，工业增加值占比处于缓慢下降状态，自 90 年代起下降速度变快，2010 年已经降至 30% 以下。这一时期，服务业增加值占比持续增加，从 70 年代的 50% 增加到 2010 年的 70% 以上（见图 1 - 1）。另外，从就业人口分布看，20 世纪 80 年代日本农业就业人口占总就业人口的比重仍超过 10%，随后呈现快速下降趋势，到 2010 年已经降至 4% 以下，96% 以上的就业人口分布在第二和第三产业中（见图 1 - 2）。

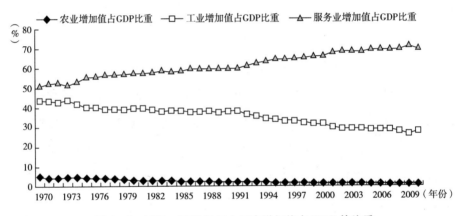

图 1 - 1　1970 ~ 2010 年日本三产增加值占 GDP 的比重

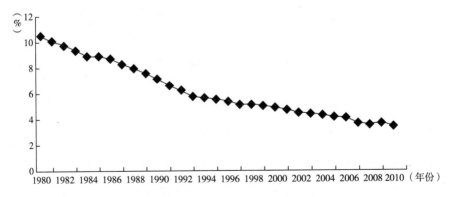

图 1 - 2　1980 ~ 2010 年日本农业就业人口占总就业人口的比重

2. 贸易占 GDP 比重持续波动，贸易结构发生一定变化

70 年代初期，日本进出口贸易经历了一个快速增长阶段，随后出现一定程度的波动，80 年代中期至 90 年代中后期，日本进出口贸易额占 GDP 的比重降到 60 年代的水平，直到 2000 年之后才出现新一轮的快速增长。

80 年代以后，日本经济结构最大的变化是进口结构的变化。日本经济的基本结构是进口原材料，将其加工为工业制成品，再将工业制成品出口到国外。截至 80 年代初，粮食、原材料进口占总进口的 3/4，工业制成品进口占 1/4。到 90 年代，这种基本结构发生了变化，两者基本持平（见图 1 - 3）。从进口商品的种类上看，机械类零部件等生产资料和消费资料的增长比较显著，1995 年机械类零部件的进口额超过了原油的进口额。

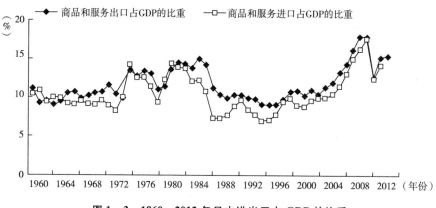

图 1 - 3 　1960 ~ 2012 年日本进出口占 GDP 的比重

3. 工业基础雄厚，制造业大国地位稳固

80 年代以来，日本政府实施"科学技术立国"战略，日本工业技术水平达到全球一流水平，基础工业水平位居世界前列，在工业技术装备、高精尖产品加工能力、产业结构等方面的竞争力对美国

形成了全面挑战。1978 年，世界最大的 22 座现代化熔铁炉中，有 14 座属于日本，日本钢铁企业的竞争力全球第一；1980 年，日本汽车生产量达到 1104 万辆，出口量达到 597 万辆，超越美国成为世界第一的汽车生产大国和出口大国；半导体产量在 1988 年占到世界市场份额的 67%，成为称霸全球的"半导体王国"。

20 世纪 90 年代至 21 世纪初，日本的发展重点从工业经济转向信息经济，产业结构变化方向更加趋向于知识密集型和高附加值型。政府政策重点扶植以微电子为中心的信息通信领域，制定了"e-Japan 战略"，意图在 5 年内将日本建成信息通信业最发达的国家。经济产业省于 2000 年制定了"国家产业技术战略"，将生物、信息通信、机械、化学、能源、材料、环境保护、航空航天等 13 个产业部门确立为重点发展领域。目前，日本的汽车、造船、机床、半导体、电子信息等行业领域在全球产业分工体系中居于至关重要的地位。2009 年，日本制造业增加值占全球的比重为 15.4%，低于美国的 19% 和中国的 15.6%，位居世界第三。

四 德国

与英国、法国等国相比，德国工业化起步较晚。19 世纪 30 年代中期，英国第一次工业革命已接近尾声，而法国、美国等国正在大规模开展第一次工业革命，此时，德国工业化进程才刚刚开始。经过几十年的高速发展，到 19 世纪 70 年代初，德国已经超过法国，成为继英国、美国之后的世界第三大工业强国，但此时的德国仍然只是拥有强大工业经济的农业国。19 世纪 70 年代以后，德国抓住了第二次工业革命的机遇，建立新的工业增长点，迅速实现了从农业国向工业国的转变，在世界工业中的地位极大提高。仅从工业生产的角度看，德国在 1874 年已超过法国，1895 年又超过了英国，成了欧洲第一、世界第二的资本主义工业强国。

（一）工业化进程的简要回顾

德国工业化进程可大致分为四个阶段：一是准备阶段（1800～1830 年），二是起步阶段（1830～1850 年），三是起飞阶段（1850～1873 年），四是成熟阶段（1873～1913 年）。

1. 工业化准备阶段（1800～1830 年）

19 世纪初是德国工业化的准备阶段。一方面，当时德意志诸邦国受法国大革命和拿破仑战争的洗涤，各邦统治者为稳定自己的统治，纷纷进行资本主义性质的改革，旧的封建制度逐步瓦解，这时的社会和政治环境有利于资本主义发展，更有利于工业革命的开展。另一方面，这一时期德国正在进行农奴制改革，地主们通过收敛农民为获得人身自由和份地而交付的赎金，积累了一定的资本，许多农民获得人身自由后需要工作来维持生计。这为德国工业化提供了雄厚的资金，也准备了充足的廉价劳动力。

2. 工业化起步阶段（1830～1850 年）

德国的工业化也是从纺织工业开始的。1831 年，普鲁士已经拥有 25 万台麻布织机，但与英国等发达国家相比，德国的纺织业比较落后，手工生产仍占据统治地位，机器生产占比很低。德国没有重复英国产业发展的老路，而是走了一条有自己特色的工业化之路。德国自 30 年代开始，就迅速将工业发展重心从纺织业等轻工业转向铁路建设。这是德国工业化后来居上的重要原因。由于铁路建设对钢铁、机车等的需求，极大地刺激了德国钢铁、煤炭以及机器制造工业的发展。1820 年，德国的煤产量仅 120 万吨，1830 年仅 140 万吨，而 1840 年猛增至 260 万吨，1850 年更增至 670 万吨。这一时期，德国的冶金工业、机器制造工业有了一定的发展，但与英国、法国等国相比，工业力量仍很薄弱。40 年代末，德国工厂工人还不到劳动人口的 3%。在这期间，1833 年关税同盟的建立，对德国的经济发展和实现统一起到重要作用。19 世纪初期，德意志境内仍是诸侯林立、各邦自行其政的割据状态，对资本主义发展和工业化的推进形成了极大的阻力。普鲁士王国于 1818 年颁布法令，废除境内的关税区，实行统一税则。关税同盟建立后，德意志各邦的联系以及同国际经济联系大大加强了，成为德国走向统一的第一步，极大地推动了德国的工业化进程。

3. 工业化起飞阶段（1850～1873 年）

19 世纪 50 年代，德国工业革命才进入大规模展开阶段。德国经济起飞阶段是以铁路和重工业的巨大投资为标志，伴随着大量劳动力迁入城市和工业产品的增加。在这一时期，推动经济发展的动力主要是铁路建设。德国在 1871 年以前还没有成为统一的国家，而通过铁路网的建设和运行，德意志境内各个邦国已经在经济上连接在一起了。1835 年德国铁路网才开始建设，到 1851 年已经建造了 3761 英里铁路，到 1871 年更是达到了 12253 英里，比法国多出 25%。[1] 这一时期，铁路企业在整个经济中的比重也迅速提高。1851～1854 年，铁路在整个经济中的比重为 11.9%，而到了 1875～1879 年，铁路在经济中的比重上升到了 25.8%。煤炭、钢铁

---

[1] 厉以宁：《工业化和制度调整——西欧经济史研究》，商务印书馆，2010；转载自哈巴库克和波斯坦主编《剑桥欧洲经济史》（第六卷），经济科学出版社，2002。

等重工业也快速增长。1850～1870 年，德国的煤炭产量从 670 万吨猛增至 3400 万吨，生铁产量由 21 万吨增加到 139 万吨，大大超过了每十年翻一番的速度。这一时期，德国机器制造工业很快发展起来。1861 年，德国的机器制造厂家已经增加到 300 多家，并且出现了一些规模巨大的企业，工人人数也急剧增长，到 60 年代初，德国的机器制造业工人已接近 10 万人。工业化的快速发展还体现在德国进出口结构的变化。19 世纪前半期，德国向外输出的主要是谷物、羊毛等农产品以及木材，只有极少部分的麻布、金属制品等工业品，进口的主要是棉纱、铁块、生铁等，而到 1870 年，德国出口的商品主要是机器、金属制品、煤炭、化学品等，而进口商品主要是棉化、羊毛、矿石等工业原料以及谷物等农产品。1870 年，德国在世界工业生产中所占比重已经达到 13%，超过法国的 10%，进入了世界先进资本主义国家的行列。

4. 工业化成熟阶段（1873～1913 年）

这一时期，钢铁、煤炭等传统重工业部门取得技术突破，产量迅速提高，工业生产规模急剧扩大。另外，电气、化学工业等新兴工业部门异军突起，成为确立德国工业优势地位的支柱性产业。当时，德国的电气企业的业务主要集中于发电机和电动机制造、建设电气工厂、安装电力照明系统和建造电车等。到 1896 年，德国电气工业中已有 39 家股份公司，并逐步形成了西门子－哈尔斯克和通用电气公司等 7 大巨头。化学工业是这一时期德国又一新兴产业，德国抓住化学研究的最新成就，迅速超过英国，在这一领域取得了近乎垄断的地位。仅 1870～1874 年，德国就成立了 42 家化学公司，资本达 4200 万马克。到 1896 年，德国已拥有 108 家化工股份公司，总资本达到 3.3 亿马克，其中，很多家是世界著名的大型化工企业。

新兴产业的迅速发展提高了德国工业在国际上的地位，使得德国一跃成为世界工业先锋国家。

（二） 工业化完成的主要标志

到一战前夕，德国已经成为一个完全现代意义上的工业化国家，重要的标志包括以下几个方面。

1. 工业资本迅速增长

据估算，1850 年，德国的农业资本存量为 160 亿马克，大致占到了总资本存量的一半。发生在农业部门的年平均净投资被估算为 2.1 亿马克，大致占到整个经济年平均净投资的 30%。但到 1913 年，情况已经有了很大的变化，农业资本存量大致只能占到整个经济所有资本存量的 1/5；从投资流量上看，1910 ~ 1913 年，农业年平均净投资占到整个经济体系净投资总额的 15%。而工业资本投资则从 19 世纪 50 年代早期的每年 1.2 亿 ~ 1.3 亿马克，增长到 20 世纪最初 10 年的每年 20 亿马克，也就是从大致占净投资总额的 1/7 上升到了接近净投资总额的一半。工业资本增长是工业化的基本标志。

2. 工业部门在国民经济中占据主导地位

从价值创造来看，到 1913 年，工业等非农生产部门已经在德国国民经济中占据了主导地位。1867 ~ 1913 年，第一产业创造的价值增长了 96%，而其在社会生产总额中所占比重却由原来的 40.5% 下降到 23.2%；第二产业创造的价值增长了 446%，在社会生产总额中的占比由 28% 上升到 45% 以上；第三产业增长率和占比低于第二产业，但也表现出了强劲的扩张势头，也是因为第二产业的快速发展对第三产业的相关行业产生了巨大的需求（见表 1 -7）。

表1-7　1867~1913年德国三大产业发展状况

产业领域		1867年	1913年	1867~1913年平均变动
第一产业	价值创造（百万马克）	5544	11270	1.55
	就业人数（百万）	8.3	10.7	0.55
第二产业	价值创造（百万马克）	3613	21805	3.91
	就业人数（百万）	4.4	11.7	2.09
第三产业	价值创造（百万马克）	3717	12968	2.75
	就业人数（百万）	3.4	8.6	2.04
国民经济总况	价值创造（百万马克）	13318	48480	2.85
	就业人数（百万）	16.2	28.8	1.26

资料来源：托马斯·尼佩代著《德国史1866~1918：劳动世界和资产阶级精神》。

另外，正如前文提到的，在这一时期，工业内部结构也发生了相应变化，金属、采煤等重化工业增长迅速，增长速度远超过纺织等轻工业（见表1-8）。

表1-8　1850~1913年德国若干工业部门的生产指数

年份	(1)所有纺织行业	(2)食品与饮料	(3)金属	(4)建筑	(5)采煤	(6)交通	(7)总产品	(8)全部工业品
1850	17.7	20.4	1.5	14.7	2.7	1.7	19.5	9.5
1860	25.7	25.3	3.2	16.0	6.5	3.8	23.9	12.7
1870	31.9	30.9	7.5	20.1	13.9	8.9	29.2	18.8
1880	40.1	41.6	13.9	29.0	24.7	16.1	36.5	26.1
1890	65.0	53.3	23.8	45.6	36.9	27.9	48.7	39.9
1900	72.8	74.6	47.5	61.0	57.5	50.1	68.4	61.4
1913	100	100	100	100	100	100	100	100

注：以1913年为基年，其相应指数值为100。

3. 工业就业人数超过农业，并呈现快速上升态势

德国农业部门劳动力占比已经从1852年的55%下降到1910年的36%，之后持续下降。而工业部门劳动力则由1852年的25%上升到1910年的37%。在这一时期，服务业劳动力比重缓慢上升（见

表 1 – 9）。

在这一时期，不同工业部门劳动力分布也发生了变化，反映出工业化成熟阶段工业结构出现的调整。从表 1 – 10 可以看出，1846年，纺织、服装业是吸纳劳动力的重要部门，到 1913 年，这两部门的劳动力数量都迅速下降，而机械和材料、建筑业的劳动力数量上升较快。

表 1 – 9　1852 ~ 1939 年劳动力部门分布情况

年份	农业	工业	服务业
1852	55	25	20
1880	49	30	21
1910	36	37	27
1939	27	41	32

资料来源：霍夫曼：《19 世纪中叶以来德国经济发展》，转载自波斯坦主编《剑桥欧洲经济史》（第七卷）（上册）。

表 1 – 10　1846 ~ 1939 年工业劳动力的部门分布情况

年　份	1846 年	1913 年	1939 年
煤和钢	3	11	7
采石和黏土	4	7	5
机械和材料	9	22	30
化工、燃气和水	—	3	6
建筑	10	15	15
纺织	22	10	10
服装	25	9	7
皮革	2	2	1
餐饮	13	12	10
木材	11	6	5
造纸和印刷	1	5	5

资料来源：霍夫曼：《19 世纪中叶以来德国经济发展》，转载自波斯坦主编《剑桥欧洲经济史》（第七卷）（上册）。

另外，熟练技术工人是德国工业迅速发展的重要因素之一。1914年，德国机械工业的熟练技术工人占全部工人总数的 50.9%。与其他国家相比，这一时期德意志的成功主要得益于其卓有成效的技术教育和人力资本的积累。大量廉价的劳动力固然重要，但高素质的劳动力是德国工业的突破口，为德国工业发展做出了重要贡献。

4. 城市化水平大幅提升

19 世纪 70 年代后，由于第二次工业革命启动和工业经济的迅速增长，德国城市化水平迅速提高。在这一时期，德国城市人口出现高速增长，并开始超过农村人口，成为国家的主体居民。如表 1-11 所示，在 1871 年德意志帝国刚刚建立时，德国大部分人口仍居住在农村，城市化率为 36.1%。1900 年，城镇人口已经超过农村人口，城市化率达到 54.4%。1910 年，城市化率继续提高到 60.0%。1871～1910 年的快速城市化过程，与工业化迅速推进时间正好是重叠的。有德国学者称，工业化和交通事业的发展是德国城市化的两大动力。1910～1960 年的 50 年间，德国城市化率提高了 11.4 个百分点，而 1960～2010 年的 50 年间，只提高了 2.4 个百分点，这说明德国城市化水平已经处于高水平均衡状态。

表 1-11 德国的城市化率

单位：万人，%

年份	总人口	农村人口	城镇人口	城镇化率
1871	4105.9	2623.7	1482.2	36.1
1880	4523.4	2650.7	1872.7	41.4
1890	4942.8	2842.1	2100.7	42.5
1900	5636.7	2570.3	3066.4	54.4
1910	6492.6	2597.0	3895.6	60.0
1960	7254.3	2076.2	5178.1	71.4
2010	8180.2	2141.6	6038.6	73.8*

注："*" 2010 年人口数据引自 Wind 资讯。城镇化率数据为笔者计算所得。
资料来源：科佩尔·平森：《德国近现代史》，商务印书馆，1987。

5. 对外贸易迅速增长，成为贸易大国

1880～1913 年的 30 多年间，德国对外贸易总额增幅达 265%，

特别是出口增长迅速，整体上高于国民经济增速。1910 年，经济增速为 3.6%，出口增长却高达 12.7%。对外贸易迅速增长使德国成为全球进出口大国。1870 年，德国已经是世界第三大出口国和第二大进口国。到 1910 年，德国的进口和出口都超过美国，成为紧随英国之后的世界贸易大国（见表 1 - 12）。

表 1 - 12　1880 ~ 1913 年德国进出口状况

单位：百万马克

年　份	1880	1890	1900	1910	1913
出　口	2923	3335	4611	7475	10098
进　口	2814	4162	5769	8927	10751
总　计	5737	7497	10380	16402	20848

如前文所述，在工业化走向成熟的时期，德国对外贸易结构也发生了很大的改变。出口商品中，原料、粮食等产品比重下降，成品、半成品比重上升；进口商品的情况则相反，原料、粮食比重大增，而工业制成品等比重大幅减少。到一战前夕，德国已经成为世界市场上最大的金属、机械、化学、电气等产品的输出国。1880 ~ 1913 年，德国的机器、动力运输工具和电气产品类的出口增长高达 22 倍以上。这种出口结构表明，一战前夕，德国已经成为以加工和制造为主的工业主导型经济强国。

随着对外贸易规模迅速扩大，对外投资规模也逐渐成为德国对外经济交流的重要组成部分。到 20 世纪初，德国已经成为仅次于英国和法国的世界第三大资本输出国。

6. 新兴产业崛起，成为确立德国工业优势的支柱性产业

电气产业、化学工业等新兴工业部门是推动德国跻身世界工业强国的重要力量。到一战前夕，经过二三十年的快速发展，这两大

新兴产业迅速成为德国工业的重要竞争优势。到一战前夕，德国电气工业产品约 1/4 销往世界各地，其电气工业产品的出口占世界电气产品出口量的 46% 左右。1880 年，德国生产的合成染料占当时世界总产量的 50%，1900 年这一比重上升到 90%。1900 年，德国的硫酸产量仅相当于英国的 55%，到 1913 年，已经相当于英国的 155%。1913 年，德国出口商品中，化工产品就占了 10%，销售额达 24 亿马克。

（三）后工业化时期工业发展的新特点和新趋势

后工业化时期，德国依靠高水平劳动力和先进技术，生产精密和优质产品，在科技领域一直处于世界前列，向世界市场提供科技密集型产品。

1. 工业增加值占比有所下降，但仍是国民经济重要支柱

20 世纪 70 年代以来，德国农业增加值占 GDP 比重始终在 5% 以下，并仍呈现出下降态势。工业和服务业增加值由 1970 年的各占 50% 左右，迅速出现分化，工业占比逐年下降，到 2010 年已经降至 30% 以下，而服务业占比则不断上升，到 2010 年已超过 70%。相应的，三次产业的就业人数也发生着同样的变化，由于数据可得性的限制，仅从农业就业人数占总就业人数的比重看，20 世纪 90 年代以来这一比重不断下降，到 2012 年已经降至 1.5%。

即使进入后工业化时期，德国工业强国的地位始终不曾改变，这得益于德国雄厚的工业基础和极强的创新能力。2010 年，德国工业（不含建筑业）总产值达到 5300 亿欧元，占 GDP 的 21%，汽车、机械、化工和电气等支柱产业产值占全部工业产值的 40% 以上。西

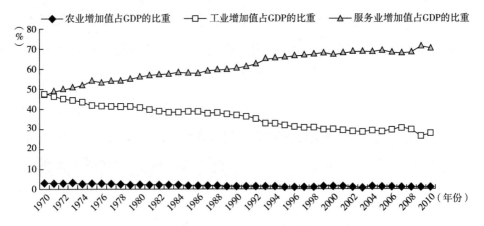

图1-4 1970～2010年德国三产增加值占 GDP 的比重

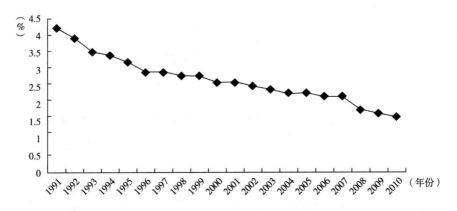

图1-5 1991～2010年德国农业就业人口占总就业人口的比重

门子、博世、大众等诸多以质量而闻名于世的德国著名品牌，通过质量和技术的不断提升，进一步扩大了其在海内外，尤其是海外市场的份额。在后工业化时期，德国的创新实力也不断增强。根据世界经济论坛发布的《2010～2011 全球竞争力报告》，德国的综合创新能力在参评的全球 138 个主要国家和地区中排名第 8。在德国制造业公司的营业额中，27% 以上是源于创新产品。德国经济研究所（DIW）2010 年的一项研究指出，没有哪个工业化国家的技术导向型行业附加值比重比德国更大。在德国尖端技术产品的营业额中，

7%以上用于研发，而高科技产品的研发预算则占全部收入的2.5% ～7%。通过快速实施最新的创新技术，德国企业迅速在各领域中占据主导地位。

2. 对外贸易稳步增长，海外投资规模不断扩大

进入后工业化时期，德国仍然保持着贸易大国地位。自20世纪70年代以来，德国进出口增速较快，占GDP比重持续增长，由1970年的出口和进口占GDP比重均不足20%，增长到2012年进口占比为45%左右，出口占比为50%左右（见图1-6）。

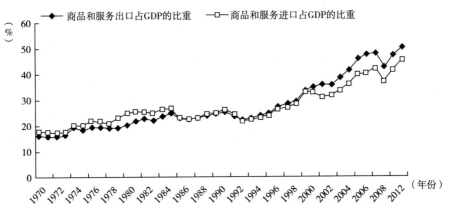

图1-6　1970~2012年德国进出口占GDP的比重

出口始终是德国经济增长的重要动力，2010年德国对其前十大贸易出口国的出口增长率大幅增加，特别是对中国的出口增长率达到28.6%，对比利时、美国的出口增长率分别达到27.8%和22.2%。自欧债危机以来，非欧元区国家对于德国出口的重要性日益显现。欧元区占德国总出口额的比例从2008年的43%下滑至2010年的41%，而同期，欧元区外亚洲占德国总出口额的比例则从12%提高到16%。目前德国前十大贸易出口国中，美国、英国、中国、瑞士和波兰均为非欧元区国家。2012年德国对其出口额的平均增长率为 20.2%，远高于来自欧元区 5 国的 16.1%（见表 1 – 13）。增加海外投资是后工业化时期德国对外经济的另一重要特点。德国拥有大量跨国工业企业，这些企业为利用全球资源和市场选择在全球进行生产布局，很多企业的海外业务营业额已经远远超过了其国内业务。

表 1 – 13　德国向前十大贸易出口国出口额及增长率

单位：十亿欧元,%

出口国家	2010 年出口额	2009 年出口额	出口增长率
法　国	91	83	9.6
美　国	66	54	22.2
荷　兰	63	54	16.7
英　国	59	53	11.3
意大利	58	51	13.7
奥地利	54	48	12.5
中　国	54	42	28.6
比利时	46	36	27.8
瑞　士	42	35	20.0
波　兰	38	32	18.8

3. 新兴产业迅速崛起

德国历来以制造业的发达著称，近年来这种传统的产业结构开始发生变化，许多新兴高科技企业不断成长壮大，这些企业多为中小企业，发展潜力不可估量。联邦政府对新兴中小企业就开业、筹资、税收、科研和技术创新、职工培训等实施一系列扶持措施。新的金融工具、证券市场及风险资本也为新兴企业创造了必不可少的融资条件，使企业的发展有了充分的资金保证。另外，德国工人训练有素、富于献身精神等传统因素也都是新兴企业获得成功的有利条件。

五　大国工业化完成的主要标志

通过对英国、美国、日本、德国四个大国工业化历程的回顾，可以发现虽然它们工业化完成的时间有早晚，路径也有不同，但仍然可以从中总结出工业化完成时期的一些重要标志。

（一）经济总量占世界份额比例高

工业化的推进加速了各国经济的发展，这些大国在工业化完成时期迅速成为当时的世界经济强国。1781～1785年，英国国内社会生产总值年平均为1369.3万英镑，1801～1805年就猛增到4089.7万英镑。1760～1830年期间，英国工业产量增长占欧洲的2/3，这段时期内，英国制造业占全世界的比重从1.9%上升到9.5%。到1820年，英国以占世界2%的人口控制了全世界工业生产的30%～50%，成为当时世界上最富裕的国家。日本在1955～1973年不到20年的时间里，创下了每年平均9.2%的实际经济增长率的记录，经济规模先后超过了一些发达国家，1968年跃居为继美国、苏联之后的世界第三经济大国。

（二）工业经济比重达到相当高度

农业在国民经济中的比重迅速下降，工业占比超过农业，是各国工业化完成时期的共同特征。1788年，农业在英国国民生产总值中的比例在40%以上，工业和建筑不到21%；到1850年，农业降为21%，工业和建筑上升为35%，交通运输的比重从不到12%上升为19%。1863～1867年期间，英国工业占国民经济的比重达到

54.6%。经过工业革命，英国从一个工场手工业占统治地位的国家变成机器大生产占优势的国家。美国工业从 1889 年开始在国民经济中占主导地位。1889 年美国制造业与采矿业总产值在国民生产总值中的比重达到了 52%，首次超过农业产值在国民生产总值中的比重（37%）。1850 ~ 1900 年，美国农业产值在国民生产总值中的比重逐年下降，但其绝对值从 16 亿美元增加到 47 亿美元。相比较而言，美国工业（矿业除外）生产总值却从 10 多亿美元增加到 114 亿美元，增长了约 10 倍。1955 年，日本农林水产业在名义 GDP 中所占比例为 21.0%，之后出现大幅下降，1973 年下降到 6.1%。与此相对应的是，制造业尤其是重化学工业的比重迅速增加。从名义值来看，日本制造业的比重在 1955 ~ 1973 年是上升的，而伴随着高速增长的终结，制造业在国内经济中所占比重是持续下降的，服务业经济化则在不断发展。从价值创造来看，1867 ~ 1913 年，日本第一产业创造的价值增长了 96%，而其在社会生产总额中所占占比重却由原来的 40.5% 下降到 23.2%；第二产业创造的价值增长了 446%，在社会生产总额中的比重由 28% 上升到 45% 以上。

（三）城镇化率与非农就业比重大幅提高

随着工业经济在国民经济中占据主导地位，工业就业人数也快速增长，超过农业就业人数。到 1821 年，英国从事农业的只占 33%，而从事工商业的却占了 48%。1851 ~ 1861 年，工业劳动力与农业劳动力的比例为 43.2 : 20.2，工业劳动力达到农业劳动力的 2 倍以上，这一比例与工农业产值比例相近，发生的时代大体吻合。在 1860 ~ 1910 年的半个世纪中，美国就业人口总数由 1050 万人增至 3770 万人。其中，农业就业人口占全国总就业人数的比重由 60%

降低到 31.6%。而工业就业人口占总就业人口的比重在 1900 年达到 30%，略低于农业的 37.6%，1910 年为 32%，超过了农业。德国工业部门就业人数的快速增长也是与工业经济发展时期相吻合的。农业部门劳动力占比从 1852 年的 55% 下降到 1910 年的 36%，之后持续下降。而工业部门劳动力则由 1852 年的 25% 上升到 1910 年的 37%。另外，熟练技术工人是德国工业迅速发展的重要因素之一。1914 年，德国机械工业的熟练技术工人占全部工人总数的 50.9%。与其他国家相比，这一时期德意志的成功主要得益于其卓有成效的技术教育和人力资本的积累。大量廉价的劳动力固然重要，但高素质的劳动力是德国工业的突破口，为德国工业发展做出了重要的贡献。

（四）工业重大技术及对经济社会和世界产生极大影响

第一次工业革命是从英国开始的，那一时期是英国各行业技术发明和革新的高潮，给世界经济发展带来了重大影响。特别是 1785 年改良型蒸汽机的投入使用，提供了更加便利的动力，推动了工业部门的机械化，标志着大机器生产时代的到来。由此，工业革命全面爆发。1870 年英国在世界工业生产中所占的比重为 32%，成为当时世界上资本主义工业最先进的国家。19 世纪下半叶，资本主义世界进入以电气工业为代表的第二次工业革命时期，诸多重要的技术创新源自美国。1844 年莫尔斯发明第一部实用电报机，1878 年贝尔发明电话，1880 年爱迪生发明电灯，1895 年美国实现了水力发电。19 世纪末，美国出现了多家电厂和中心电站，电动机开始大规模取代蒸汽机成为工业的主要动力，使得电气工业部门迅速建立并发展。德国的电气产业、化学工业等新兴工业部门是推动其跻身世界工业强国的重要力量。到一战前夕，经过二三十年的快速发展，这两大新兴产业迅速成为德国工业的重要竞争优势。到 1896 年，德国电气工业中已有 39 家股份公司，并逐步形成了西门子 - 哈尔斯克和通用电气公司等 7 大巨头。到一战前夕，德国电气工业产品约 1/4 销往世界各地，其电气工业产品的出口占世界电气产品出口量的 46% 左右。化学工业是这一时期德国又一新兴产业，德国抓住化学研究的最新成就，迅速超过英国，在这一领域取得了近乎垄断的地位。仅 1870 ~ 1874 年，德国就成立了 42 家化学公司，资本达 4200 万马克。到 1896 年，德国已拥有 108 家化工股份公司，总资本达到 3.3 亿马克，其中，很多家是世界著名的大型化工企业。日本在工业化完成时期，工业技术水平达到全球一流水平，基础工业水平位居世界前列，在工业技术装备、高精尖产品加工能力、产业结构等方面的竞争力对美国形成了全面挑战。

（五）工业制成品的国际影响大

19 世纪 50 年代，英国实现了制造业的机械化。作为各种机械设备运转的动力燃料，到 1835 年，英国煤产量迅速增加到 3000 万吨，成为欧洲第一产煤国。到 1848 年，英国煤产量占全世界的 2/3。1860 年前后，英国拥有相当于全球 40% ~ 45% 的现代工业生产能力，制成品产量为全球的 40%，生产了全世界 53% 的铁、50% 的煤。1860 年美国工业总产值占世界工业总产值的 15%，落后于英国、法国和德国，居第四位。到 1894 年，美国已为同年英国的 2 倍多，跃居世界第一位。美国钢产量在 1890 年已居世界第一位；生铁产量于 1900 年超过德国，居世界第一位。煤产量在 1890 年超过法国和德国，居世界第二位，于 1913 年达到英、德、法三国产量总和；石油产量于 1890 年居世界第一位。1880 年，德国生产的合成染料占当时世界总产量的 50%，1900 年这一比重上升到 90%。1900 年，德国的硫酸产量仅相当于英国的 55%，到 1913 年，已经相当于英国的 155%。1913 年，德国出口商品中，化工产品占了 10%，销售额达 24 亿马克。20 世纪 70 年代日本迅速崛起，1978 年日本钢铁企业的竞争力全球第一，世界最大的 22 座现代化熔铁炉中，有 14 座属于日本。1980 年，日本汽车生产量达到 1104 万台，出口量达到 597 万台，超越美国成为世界第一的汽车生产大国和出口大国。半导体产量在 1988 年占到世界市场份额的 67%，成为称霸全球的"半导体王国"。

（六）对外贸易增长快，成为贸易大国

随着工业经济的快速发展，对外贸易迅速扩张，并成长为贸易大国，也是各国工业化进程的重要特征。18 世纪，英国工业增长约 3 倍，国内消费增长约 2 倍，而出口却增长了 4 倍以上。英国对外贸易的年增长率从 1750 年的 1.1% 上升到 1831 年的 4.5%，这一时期世界接近一半的工业制成品贸易发生在英国。19 世纪初期，美国消费品主要从外国进口，国外贸易额一直大于国内贸易额。到 1860 年，美国消费品转为主要由国内生产。1854 年美国国内贸易额为 10 亿美元，而对外贸易为 5 亿美元。1790～1860 年美国的对外贸易总额从 4300 万美元增加到 7 亿美元，占世界贸易总额的比重达到 11%，与法国并列世界第二位。1880～1913 年的 30 多年间，德国对外贸易总额增幅达 265%，特别是出口增长迅速，整体上高于国民经济增速。1910 年，德国经济增速为 3.6%，出口增长却高达 12.7%。

对外贸易迅速增长使德国成为全球进出口大国。1870 年，德国已经是世界第三大出口国和第二大进口国。到 1910 年，德国的进口和出口都超过美国，成为紧随英国之后的世界贸易大国。随着对外贸易规模的迅速扩大，对外投资规模也逐渐成为德国对外经济交流的重要组成部分。到 20 世纪初，德国已经成为仅次于英国和法国的世界第三大资本输出国。

六　大国后工业化的特点和趋势

（一）人均 GDP 与世界平均水平差距由扩大向缩小转变

20 世纪 50 年代以来，以信息技术、知识产业发展为主要标志的知识经济使西方社会进入后工业化时代。20 世纪 70 年代以来，美、日、欧等发达国家和地区相继实现了人均 GDP 3000～5000 美元的跨越。按当年人均 GDP 计算，1970 年美国人均 GDP 4084 美元，1980 年达到 10091 美元，比 1970 年增加 147%；2000 年达到 30318 美元，2010 年为 40584 美元，比 2000 年增加 33.9%。1970 年英国人均 GDP 2226 美元，1980 年达到 9629 美元，比 1970 年增加 333%；2000 年为 25314 美元，2010 年为 36120 美元，比 2000 年增加 42.7%。1980 年世界人均 GDP 2570 美元，1990 年达到 4010 美元，比 1980 年增加 56%；2000 年达到 5285 美元，2010 年达到 9171 美元，比 2000 年增加 73.5%。由此可见，20 世纪七八十年代以来，大国人均 GDP 虽然规模在不断增大，但增速在下降，而世界平均水平的规模与增速都在上升。

（二）工业规模大幅度增长与比重明显下降并存，服务业占比上升

进入后工业化阶段，大国工业规模继续扩大，但比重在下降。美国工业产值由 1987 年的 26949 亿美元增加到 2011 年的 63291 亿美元，增长了 1.35 倍；但其在国民经济中的比重由 1987 年的 26% 下降到 2011 年的约 19%。日本 1970 年第二产业比重为 41.8%，到 1998 年下降到 34%；第三产业占 GDP 的比重不断提升。1970 年，日本第三产业占 GDP 的比重仅为 47.2%，到 1998 年，该比重上升为 63.9%。1970 年美国第三产业占 GDP 的比重为 64.0%，1997 年美国第三产业占 GDP 的比重也已经达到 71.7%。1970 年，德国和英国的第三产业占 GDP 的比重分别为 40.6% 和 52.4%，2004 年该比重分别上升至 69.8% 和 72.7%。

（三）工业生产率大幅度提高与就业人数明显下降

在二战后的半个多世纪里，随着新一轮科技革命的爆发，世界经济的年平均增长率接近 4%，世界国民生产总值达 30 万亿美元，其中西方发达国家所占比重为 3/4；同 20 世纪初相比，资本主义世界社会生产率提高了约 100 倍。现代资本主义取得的成就及其优势地位，主要是通过科技进步和技术创新实现的，据统计，西方发达国家二战以来经济增长的 70%~80% 产生于科学技术创新。1961~1965 年，英国劳动生产率（指每小时产量）平均增长年率为 3.8%，美国为 4.5%，日本为 8.5%，西德为 6.4%，法国为 5.2%，意大利为 7.1%。1966~1970 年，英国劳动生产率平均增长年率为 3.4%，美国为 1.3%，日本为 13.1%，西德为 5.2%，法国为 6.5%，意大

利为 5.2% 。1971 ~ 1975 年，英国劳动生产率平均增长年率为 2.6% ，美国为 1.9% ，日本为 4.4% ，西德为 5.2% ，法国为 2.9% ，意大利为 5.1% 。进入后工业化时代，虽然各国工业生产率增速在逐渐下降，但仍都为正增长，显示了工业生产率大幅度上升的趋势未改变。

随着工业生产率的提高，资本投入越来越被青睐，相应的工业生产过程对劳动力的需求逐渐下降。同时，随着服务业的发展，劳动力逐步流入服务业部门，工业部门就业人数持续下降。以美国为例，自 1900 年起，美国工业部门的就业人数相对比重不断上升，1960 年达到峰值 34.5% ，随后第二产业就业人数占比缓慢下降，1985 年降至 26.9% ；第三产业就业人数占比迅速上升，由 1950 年的 53.9% 上升到 1985 年的 70.2% 。

（四）工业与服务业交叉融合，生产性服务业大发展

从 20 世纪 50 年代起，西方发达国家开始从以第二产业为主的经济结构向以第三产业为主的经济结构转变。在当前经济发展中，伴随着消费者需求的升级，现代制造业与生产性服务业之间的融合发展日益深入。这种融合更多地表现为服务业向制造业的渗透，特别是生产性服务业直接作用于制造业的生产流程，很多企业依托于制造业拓展生产性服务业，通过企业再造和并购重组等方式，从销售产品发展成为提供服务和成套解决方案，部分制造企业实现了向服务提供商的转型，也就是通常所说的"制造企业服务化"。比如，2002 年以来，通用电气公司通过业务整合之后，共拥有 6 个行业领先的业务集团：基础设施、医疗、商务金融、NBC 环球、工业和 GE 消费者金融，使企业的制造功能和服务功能融合

为一体。2003 年以来，服务业收入占通用电气公司营业收入的比重超过了 60%。1911 年 IBM 公司创立于美国，传统意义上是一家信息工业跨国公司，目前已发展成为全球最大的信息技术和业务解决方案公司。耐克公司则仅为全球鞋制造企业提供产品设计、市场营销和品牌维护服务。

另外，制造业科技创新能力提高，也为服务业的发展注入了新的动力，服务业引入信息技术等高新技术开展业务，出现服务业高技术化的趋向。

随着服务业产值在国民经济中所占比重不断增加，服务业内部结构也在发生变化，原本占比较大的流通服务业的比重不断降低，而生产性服务业、消费性服务业和生产消费混合功能性服务业在服务业中的比重不断上升，服务业结构随之升级。

（五）大企业做大做强、小企业做精做专、各类企业大协作

后工业化阶段，发达国家企业规模逐渐扩大，大企业数量快速增加，跨国公司或企业迅速崛起壮大，成为发达国家经济实力的主要载体。二战后，日本大企业的规模不断扩大，索尼、松下等企业发展成为世界级跨国公司。1965~1980 年，美国年营业收入在 50 万美元以上的大型企业比重从 2.4% 上升到 5.4%；资产在 1 亿美元以上的大型、超大型公司从 0.13 万个上升到 0.61 万个，增长了 3.69 倍；资产排名前 100 名公司的资产集中度达到 46.7%。

同时，发达工业化国家的小企业数量不断增多。大企业与小企业形成了分工协作的生产方式，实现企业间的优势互补，享受分工生产带来的规模经济收益。日本除了索尼、三菱等巨头企业外，真正支撑起日本制造业的，却是那些为数众多的日本中小企业。日本

的很多小企业数十年如一日，只生产一种产品，专攻一门技术，磨练一项工艺。在一个领域长时间的专注，使这些企业的产品逐渐成为各自领域中的佼佼者。一般说来，这些单个的产品、工艺专门供应或服务于大型企业生产。在德国，小企业占企业总数的98%，是大企业发展的重要依托，许多中小企业就是大型企业的下属企业或零配件供应商。小企业也是技术创新的重要来源，据统计，德国有1/4 的重大科研成果出自中小企业。中小企业的存在和发展使德国的工业结构更具有弹性，对提高经济效益和发展新技术起到了相当大的作用，促进和保持了德国经济的稳定发展。

（六）工业企业全球化战略布局，全球产业链与跨国企业发展

伴随着人力成本的逐渐上升和竞争环境的发展变化，制造过程的利润空间已经很小。在此背景下，欧美不少发达国家借助跨国公司，不断将不具有相对优势的产业转移到发展中国家，形成了全球产业链布局，利用发展中国家的廉价劳动力和自然资源，转嫁环境污染成本，支撑工业规模的增加。比如，20 世纪90 年代以来，耐克公司采取了生产虚拟化策略，所有产品都不由自己生产制造，而是外包给世界各地的生产厂家，耐克公司集中人才、物力、财力开展产品设计、市场营销和品牌维护。一双耐克鞋，生产者只能获得几美分的收益，而凭借销售、研发和品牌，耐克公司却能获得几十甚至上百美元的利润。

（七）工业优势与特色产业深刻影响世界

工业化后期，不少发达国家形成了鲜明的工业优势，对世界各

国工业化乃至经济发展产生了深刻影响。比如，德国机械制造在世界市场上是"质量和信誉"的代名词，以耐用、可靠、安全、精密等特点深刻地影响了世界各国制造业的发展。目前，德国机械制造业仍然处于世界领先地位。美国信息产业是美国最大的产业部门，信息技术在世界占有主导地位。受其影响，一方面，信息产业在世界范围内发展迅速，在总产业中所占比重不断增加；另一方面，信息产业对传统制造业的带动和关联效应也非常明显，提高了各国的劳动生产率。

（八）工业外贸占世界份额大

二战后，凭借较强的工业优势，发达国家工业产品充斥世界市场，促使国际贸易再次出现了飞速增长，其速度和规模都远远超过了19世纪工业革命以后的贸易增长。比如，2006年，德国机械制造业向全球市场提供的产品种类之多，超过其他任何国家。在机械制造业的31个部门中，德国有17个占据全球领先地位，处于前三位的部门共有27个。日本也是一个工业品出口大国。1998年，日本计算机出口占世界市场的76.1%，电视机出口占世界市场的69.3%，船舶占55.3%。同时，日本又是一个工业原料和燃料的进口大国，几乎100%的铝土矿、原油、煤炭、铁矿石都依靠进口。

第二章 中国工业化的水平与差距

一 我国工业化进程主要发展阶段

(一) 1949 年前工业化概况——早期工业化阶段

我国工业发展的萌芽可追溯到鸦片战争时期。鸦片战争改变了中国闭关锁国的状态，外国资本涌入，控制了我国的工业、交通和银行业等，大批破产农民和手工业者进入资本主义劳动市场和商品市场，为工业发展提供了必要的条件。

1. 1865～1894 年以军事工业为主的发展阶段

我国近代工业不同于资本主义国家经历的简单协作到工场手工业再到机器大工业的发展模式，我国的机器工业是直接从国外引进技术促成的，最先出现在军事工业领域。工业发展资金来源于政府洋务运动，工业主体是"官办"而非"民办"。19 世纪 60 年代至 90 年代，清政府开办军事工业，中央和各省建立多个军工厂。在国库资金的支持下，轮船、枪支、火炮等军事工业快速发展。

军事工业快速发展的同时促进了民用工业的发展，出现了官办的民用工业。民用工业有官办工业、官商合办工业和官督商办工业三种形式，其行业包括基础原料工业、交通运输业、棉毛纺织业等。

此外,我国民族资本近代工业开始出现。1894 年,民族工业在全国的一些重要工业部门已举办了 136 家,资本总额达到 500 多万两白银,从业人员超过 3 万,涉及纺织、面粉、造纸、火柴、制糖、机器制造和印刷业等行业。

2. 1895～1927 年民族工业进一步发展阶段

甲午战争以后,大量割地赔款使清政府无力支撑,帝国主义大肆增加在华直接投资,投资开矿、建厂和修路等。其中,开办矿业是外国投资的重点。1895～1913 年,帝国主义先后在我国开办了 32 个矿山企业,投资总额达到 4996.9 万元。外国投资的另一个重点是棉纺织业,到 1914 年,外国资本开办纱厂生产的纱锭占纱锭总量的 60%,布机数量占总量的 50%。1908 年,外资纱厂产品占我国纱产品总量的 64.67%。

我国民族资本的发展经历了曲折的过程,棉纺织工业、面粉业、烟草工业、机器制造业和采矿业等均有不同程度的发展。到 1913 年,我国民族资本开办的纱厂共有 40 家,资本总额 900 万元,纱锭总数 48.4 万支,布机 2000 多台。1895～1913 年,全国共增设民族资本面粉加工厂 53 家,资本总额 862 万元。1895～1904 年,我国民族资本工业开办机器厂共有 36 家。

1914～1922 年,我国民族资本工业快速发展。其中,棉纺织业新建 54 家纱厂,新增纱锭 100 多万枚,布机 4700 台。新增面粉厂 108 家,资本总额超过 1600 万元。重工业中的机器制造业、煤矿、冶铁等行业虽有发展,但规模小,生产技术比较落后。

3. 1928～1949 年官僚买办资本工业形成和发展阶段

官僚买办资本是在清政府官办资本的基础上发展起来的。甲午战争以后,政府官办资本规模不断增加,民用工业中的部分行业被官办资本控制，如煤矿开采业中官方资本占 53.7%，金属矿开采业中官方资本占 67.8%。

1927～1937 年，以国民党四大家族为主体的官僚资本控制了全国经济命脉，与国家政权相结合，与帝国主义和本国封建地主相结合，成为封建的、买办的国家垄断资本主义。税赋是南京国民政府财政收入的主要来源，如关税、盐税等大幅增加。特别是南京政府新设立的对工农业产品征收的统税，由 1927 年的 410 万元增加到 1936 年的 1.6 亿元，占当年财政收入的 12.13%。同时，政府还从发行公债中获得大量收益，1927～1934 年，南京政府共发行公债券面额为 14.51 亿元，实际收回的款额只有 8.09 亿元，剩余的公债券流入四大家族控制的四大银行，占全国公债券总面额的 45%。

抗日战争时期，我国工矿企业大规模内迁，1940 年共内迁工厂 450 家，机器设备总重量 12 万吨。内迁工厂中，机械行业占 40.4%，化学工业占 12.5%，纺织工业占 21.65%，钢铁工业占 0.2%，电力占 6.47%，食品占 4.71%。

这一时期，官僚买办资本工业在国民经济中的地位明显加强。1936 年国营工业资本总额为 3.1 亿元，占全国工业资本总额的 14.8%，到 1946 年就达到了 26.8 亿元，占全国工业资本总额的 63.8%。从工业产品产量来看，官僚资本工业在各方面都占有很大优势，1947 年全国工业产品中官僚资本控制的产品比重为：电力 63%，煤炭 33%，钢铁 90%，钨矿砂 100%，水泥 45%，锡 70%，糖 90%。

（二）改革开放前30年中国工业化曲折前进——从早期向中期工业化转变

改革开放以前，我国工业化进程由起步阶段进入了工业化初级阶段，综合国力有了较大提高，工业占国民经济的比例由1949年的19.5%增长到1978年的46.7%，初步建立起了比较独立、完整、门类齐全的工业体系。

1. 1949～1952年构筑国营工业基础阶段

新中国成立初期，国民经济发展的重点在于恢复工业经济，打造工业基础。经过3年的恢复，全国工业总产值由1949年的140亿元增加到1952年的349亿元，年均增长34.8%。同期，工业所有制发生变化，全民所有制工业产值占比由26.2%上升到41.5%，私营工业产值占比由48.7%降为30.6%，个体手工业产值占比由23%降为20.6%。

国营工业的恢复和发展。新中国建立初期，国营工业在我国工业经济中占据重要地位。在三年恢复时期，国营工业产值由1949年的36.8亿元增加到1952年的142.6亿元。国营工业产值在工业总产值中的比重由1949年的26.2%上升到1952年的41.5%。主要工业品生产能力明显增加，炼钢增加55.8万吨，煤炭开采1564万吨，发电功率22.23万千瓦，水泥55.8万吨，石油开采12.7万吨。

民族资本工业的恢复和发展。新中国成立初期，我国民族资本工业产值总额达到62.2亿元，占当时全部工业产值的48.7%，特别是轻工业产品产值占比较大，如棉纱占46.7%，电动机占79.6%，面粉占79.4%。在收购、代销、降低税率等政策扶持下，民族资本工业得以逐渐恢复。1952年，私营工业厂比1949年增加21.6%，职工人数增加 25.1%，产值增加 54.2%。

个体手工业的恢复与发展。新中国成立初期，手工业产值为 32.2 亿元，占工业总产值的 23%。在恢复时期，国家通过加税、减税、增税、免税、重税、轻税等措施调整手工业的发展方向，[①] 着手试办手工业合作社。到 1952 年全国已有 3280 个手工业生产合作社，入社人数达到 21.8 万人，当年产值达到 2.46 亿元。到 1952 年，全国手工业产值达到 73.1 亿元，比 1949 年的 32.4 亿元增长 1.26 倍。

2. 1952～1957 年重工业大发展、工业体系初步成型阶段

1952 年，党提出过渡时期的总路线和总任务，指出要在相当长的时期内，基本上实现国家工业化和对农业、手工业、资本主义工商业的社会主义改造。

资本主义工业的社会主义改造。对民族资本主义工业的社会主义改造采取了"利用、限制、改造"的政策，分为初级阶段的加工订货、私营企业的公私合营和私营企业的全行业公私合营。1955 年，公私合营工业的产值达到 71.88 亿元，较 1952 年的 13.76 亿元增加了约 4 倍，占非社会主义经济的比重达到 49.7%，远高于 1952 年的 11.5%。

社会主义工业基础的初步确立。"一五"期间，我国工业建设以苏联援建的 156 项工程为重点，以 694 项限额以上项目为中心展开，国民经济结构发生重大改变。工业总产值比重大大提高，1952～1957 年，工业总产值增加了 396 亿元，年均增长 19.8%。在工农业总产值中，工业的比重由 1952 年的 43.1% 提高到 1957 年的 56.7%。工业技术结构发生重大变化，现代工业产值在工业产值中的比重由

---

① 《新华月报》1950 年 3 月。

1952 年的 64.2% 提高到 1957 年的 70.9%。工业部门结构发生重大变化。重工业产值比重由 1952 年的 37.3% 上升到 1957 年的 45%。采掘原料工业产值比重由 58.1% 下降到 42.6%，加工工业产值比重由 41.9% 上升到 57.4%。我国形成了独立自主的工业体系雏形，奠定了社会主义工业化的初步基础。

3. 1958 ~ 1965 年轻、重工业比例调整阶段

1958 ~ 1960 年，全国范围内开始了以保钢铁生产为中心的"大跃进"高潮，过多地挤占了用于农业的资金、物资和劳动力，造成工业连年大幅增产，但农业连年下降。1959 年，工业增长 36.1%，农业下降 13.6%；1960 年，工业增长 11.2%，农业下降 12.6%。同时，工业内部各部门之间比例严重失调。轻工业投资占比仅为 10.7%，进一步拉大了与重工业的差距。

1961 年我国实行"调整、巩固、充实、提高"的八字方针，对国民经济发展进行综合治理，国民经济得到较好恢复。1963 ~ 1965 年工业增加值年均增长 21.4%，比"二五"期间提高 18.7 个百分点。到 1965 年，全国工业固定资产达到 1040 亿元，比 1957 年增加了 2 倍多。1965 年工业总产值达到 1402 亿元，比 1957 年增加了 1 倍。主要产品中，钢产量由 1957 年的 535 万吨增加到 1965 年的 1223 万吨，同比增长 128.6%；原煤产量由 1.31 亿吨增加到 2.32 亿吨，同比增长 77.1%；原油产量由 146 万吨增加到 1131 万吨，同比增长 674.7%；发电量由 193 亿度增加到 676 亿度，同比增长 250.3%；棉纱产量由 84.4 万吨增加到 130 万吨，同比增长 54%；棉布产量由 50.5 亿米增加到 62.8 亿米，同比增长 24.4%。工业部门结构明显改善。1965 年，工、农业产值比例已由"大跃进"时的 78.2∶21.8 变为 62.7∶37.3，工业内部轻、重工业比例由 33.3∶66.7 变为 50.4∶49.6。

4. 1966～1976 年工业畸形发展阶段

1966～1976 年是"文化大革命"时期，工业经济大起大落。1967 年全国工业产值只完成计划的 70%，比 1966 年下降 13.8%，1968 年比 1967 年又下降了 5%。直到 1969 年工业生产才有所恢复，工业产值达到 1665 亿元，较上年增长 34.3%，1970 年又增长了 30.7%，达到 2080 亿元。

"文化大革命"期间，我国开始了以军工项目或与军工生产相关联项目为核心的"三线"建设工程，国家投资 2000 多亿元，建成了 1000 多个以军工为主体的大中型工业项目、科研单位、大专院校以及相应的交通和邮电设施，形成了 45 个生产科研基地，组建了 30 多个新兴的专业工业城市，基本上建成了以军工、尖端科学技术为主体的工业门类齐全、生产科研相结合的战略后方基地。

十年间，建成大中型项目 1083 个，新增固定资产 907.68 亿元，各主要工业部门生产能力得到大幅度提升，如炼铁 1971.5 万吨，炼钢 1250.9 万吨，煤炭开采 1.49 亿吨，发电装机容量 2603.6 万千瓦等。[①] 石油化学工业逐渐完善，电子工业成倍增长，1976 年我国各种电子产品生产规模较 1965 年增长 11～53 倍，电子元器件产量增长 36～85 倍。1970 年，第一颗人造地球卫星升天，原子弹、氢弹爆炸成功标志着核裂变、核聚变的技术已被攻破。

从工业发展规律来看，"文革"时期违反客观经济规律，打乱了正常的生产秩序，破坏了各方面的平衡关系，对工业的负面影响极其严重。客观上看，许多重大科研项目，如籼型水稻、核技术、地震探测、人造卫星、运载火箭等取得突破，同时培养了大批科研人

---

① 《中国统计年鉴 1984》，第 220、225、226、227 页。

才，为改革开放以后的工业经济发展提供了坚实的基础。

（三）改革开放后30年中国工业化持续快速发展——从中期向后期工业化转变

1978年改革开放以来，工业经济进入腾飞期。工业生产能力大幅提高，工业主导地位显著增强，实现了工业化初级阶段到工业化中级阶段的历史跨越。

1. 1979～1984年体制改革与工业结构优化阶段

十一届三中全会召开以后，工业生产进行战略性调整，改变以重工业为主导的工业发展方式，轻纺工业得到恢复和发展。与此同时，工业基本建设取得重大进展，生产能力增长明显，企业技术改造取得显著效果，技术水平大大提高。

轻工业的比重由1978年的43.10%提高到1984年的47.37%，同期，重工业的比重从56.90%下降到52.63%，基本扭转了重工业过快增长的趋势，消费品生产迅速增长，工业结构逐步实现轻型化（见表2－1）。

表2－1　1978～1984年轻、重工业产值及增长速度

单位：亿元，%

年份	工业总产值		轻工业产值		重工业产值		增长速度	
	产值	比例	产值	比例	产值	比例	轻工业	重工业
1978	4237	100	1826	43.10	2411	56.90	110.9	115.6
1979	4681	100	2045	43.69	2636	56.31	110.0	108.0
1980	5154	100	2430	47.15	2724	52.85	118.9	101.9
1981	5400	100	2781	51.50	2619	48.50	114.3	95.5
1982	5811	100	2919	50.23	2892	49.77	105.8	109.9
1983	6460	100	3135	48.53	3326	51.49	109.3	113.1
1984	7617	100	3608	47.37	4009	52.63	116.1	116.5

资料来源：国家统计局：《中国统计年鉴》，中国统计出版社，1991，第154～561页。

2. 1984～1992 年结构升级与工业大发展阶段

1985 年以后，在社会主义初级阶段有计划商品经济的认识背景下，我国逐渐开始了企业改革，经过国家与企业分配关系的调整、两权分离的企业改革和企业兼并与破产的起步三个阶段，企业逐步成为相对独立的生产经营单位。同时，乡镇工业异军突起，工业基本建设和技术改造取得重大进展，工业生产能力大大提高，工业总产值和主要产品产量高速增长，工业地区布局有所改善。

1985～1992 年，我国工业总产值年均增长速度达 15.3%，轻工业增长速度仍快于重工业。在轻工业内部，对传统消费品的需求逐渐饱和而产生出新的更高级的消费需求。据统计，1992 年，食品工业产值比重比 1985 年下降了 5.3 个百分点，而啤酒则比 1985 年增长 3.56 倍；棉毛纺织业产值比重比 1985 年下降 3.4 个百分点，而皮革、毛皮则比 1985 年增长 3.4 倍。在重工业内部，制造工业增长速度减缓，原材料工业生产增长迅速。

3. 1992～2000 年重工业再发展阶段

1992 年以来，我国开始了建立和完善社会主义市场经济体制的进程，工业经济体制跃上一个新台阶，"建立现代企业制度"和"公有制形式可以而且应当多样化"成为企业改革的主旋律、总特征。现代企业制度不断建立和完善，乡镇企业股份制和国有企业股份制改革逐步推进，中小企业得到极大的发展。

随着基础工业的发展，我国重工业呈现快速增长的趋势，工业增长再次以重工业为主导。与改革开放前不同，此次重工业化是由居民消费结构升级、城市化进程加快、交通和基础设施投资加大等驱动力量带动的。

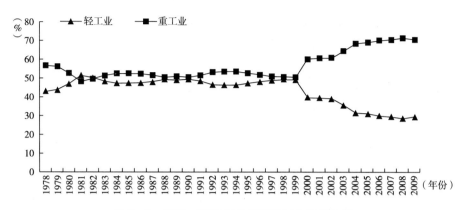

图 2 - 1 1978 ~ 2009 年中国轻重工业产值比重
资料来源：《中国工业经济统计年鉴》。

"九五"和"十五"期间是中国工业化进程最快的时期，工业结构的优化升级是工业化进程的主要推动力。1995 ~ 2005 年，全国绝大部分地区都处于快速工业化时期，特别是"十五"期间，工业化加速发展。在这一时期，东部地区工业化发展速度远快于其他地区，地区间工业化程度的差距继续加大。与"九五"相比，"十五"期间国家加大了对西部地区的扶持力度，西部工业化进程明显快于中部。

"九五"时期，三次产业结构的升级是推动我国工业化的主要因素。其中，农业在国民经济中的比重下降了 2.1 个百分点；工业占比总体呈上升趋势，到 2000 年已达到 49.8%；第三产业占国民经济的比重达到 32%。三次产业增加值在宏观经济总量中的比例关系，由 1996 年的 20.4：49.5：30.1 变为 2000 年的 15.9：50.9：33.2。1997 年，我国工业劳动力比重达到历史最高水平，占全部从业人员的 23.7%。

受 1992 年以来国民经济高速增长的影响，我国纺织、家电、化工等轻工业仍保持较快的发展，轻工业在工业增加值中的比重呈上升趋势，由 1995 年的 42.2% 上升为 1998 年的 44.8%。1998 年亚洲金融危机以后，我国大力调整工业行业结构，特别是对传统的纺织、钢铁、石油、建材等行业进行了较大幅度的压缩、调整、改造。我国重工业在工业增加值中的比重开始上升，由 1998 年的 55.2% 上升为 2000 年的 59.9%（见图 2-1）。

"十五"期间，工业内部结构升级成为我国工业化推进的主要动力，我国经济增长从以工业数量扩张为主逐步转向以工业质量提高为主。工业生产持续快速增长，工业生产能力迅速扩大，煤炭、冶金、电力、建材等产业在经济发展中的作用越来越显著。2005 年工业增加值突破 7 万亿元，达到 76190 亿元，较 2000 年增长 67.5%，年平均增长率为 10.9%，增速比"九五"时期高 0.7 个百分点。2001~2005 年共生产原煤 87.4 亿吨、发电量 9.7 万亿度、钢材 13.1 亿吨、水泥 42.8 亿吨，分别比"九五"时期高 21.4 亿吨、3.7 万亿度、7.6 亿吨和 15.7 亿吨。

4. 2000 年以来民营经济蓬勃发展助推工业化阶段

2000 年以来，我国民营经济迅速发展。2001 年 7 月，江泽民总书记第一次把民营企业家定位为"有中国特色的社会主义事业的建设者"。2002 年，党的十六大明确提出，毫不动摇地巩固和发展非公有制经济，毫不动摇地鼓励和推动经济发展。2005 年，国务院颁布了《关于鼓励支持和引导个体私营等非公有制经济发展的若干意见》（"非公 36 条"），提出 36 条鼓励支持和引导个体私营等非公有制经济发展的政策措施。2010 年出台《关于鼓励和引导民间投资健康发展的若干意见》（"民间投资 36 条"），提出进一步拓宽民间投资的领域和范围，形成推动经济可持续发展的内生动力。

民营经济在国民经济和工业实体经济中的地位和作用明显增强。

2012 年，民营经济在 GDP 中的比重已经超过 60%。2012 年前 10 个月，民营规模以上工业企业增加值累计增速为 14.9%，高于国有工业企业的 6.4% 和全部工业企业 10.0% 的平均水平。2012 年，全国规模以上工业企业利润总额为 55578 亿元，其中国有及控股 14163 亿元，占 25.5%；其余为非国有的民营企业利润，占 74.5%。全国固定资产投资总额为 364835 亿元，其中国有及国有控股投资为 123694 亿元，占 33.9%；其余为非国有的民间投资，占 66.1%。2013 年 1~2 月，全国民间固定资产投资 15777 亿元，同比增长 24.6%，增速比 2012 年全年回落 0.2 个百分点。民间固定资产投资占固定资产投资的比重为 61.4%，与 2012 年全年持平。根据《中国统计年鉴 2012》的数据，2011 年，全国城镇就业人员为 35914 万人。其中，国有单位 6704 万人，占 18.7%；集体单位 603 万人，占 1.7%；公司 4452 万人，占 12.4%；私营企业 6912 万人，占 19.2%；外商企业 2149 万人，占 6.0%；个体 5227 万人，占 14.6%。需要指出的是，上述公司从业人员中，3/4 以上为私营法人控股公司从业人员。

当前，民营经济蓬勃发展之势不减，有力地推动了我国工业化进程。从 2007 年 6 月底至 2012 年 6 月底，私营企业数量和注册资本量在内外资企业总数和注册资本总额中所占比重分别从 59.4%、25.1% 增长到 78.4%、36.9%。截至 2013 年 8 月底，全国实有企业 1454.14 万户，比上月底增长 1.15%；注册资本 91.84 万亿元，增长 1.22%。其中，私营企业 1179.62 万户，增长 1.48%；注册资本 36.01 万亿元，增长 1.97%。个体工商户 4270.3 万户，增长 1.11%；资金数额 2.25 万亿元，增长 1.61%。

5. 新型工业化道路下我国工业发展开启新篇章

党的十六大提出了走"新型工业化道路",即以信息化带动工业化,以工业化促进信息化,科技含量高、经济效益好、资源消耗低、环境污染少、人力资源优势得到充分发挥的工业化道路。有效引导我国工业转型升级,促使我国工业经济更快发展。

"十一五"期间,我国工业经济保持了较快增长,总体实力显著增强。2010 年全部工业完成增加值突破 16 万亿元,比 2005 年增加8.3 万亿元,按可比价计算,增长 73.7%,年均增长 11.7%,为同期世界平均增速的 2 倍多。2009 年中国制造业在全球制造业总值中所占比例高达 15.6%,成为仅次于美国的全球第二大工业制造国。2010 年,我国国内生产总值超过日本,跃升为世界第二大经济体。我国主要工业产品产量大幅增长。2010 年我国发电量达到 42065 亿千瓦时,是 2005 年的 1.7 倍;原煤产量 32.4 亿吨,是 2005 年的1.4 倍;粗钢 6.27 亿吨,是 2005 年的 1.8 倍;汽车 1827 万辆,是2005 年的 3.2 倍;微型计算机 2.46 亿台,是 2005 年的 3 倍。目前,工业产品产量居世界第一位的已有 220 种,粗钢、煤、水泥产量已连续多年稳居世界第一。水泥产量 2009 年已占世界总产量的 60%。2010 年粗钢产量占世界钢产量的 44.3%,煤炭产量占世界总产量的45%。工业产品出口竞争力增强。2010 年规模以上工业出口交货值9.1 万亿元,比 2005 年增长 89.3%。

2012 年,我国工业增加值总量达到 23.52 万亿元,较上年增长7.9%。我国主要工业产品产量增长迅速。2012 年,我国发电量达4.99 万亿千瓦时,同比增长 5.8%;原煤产量达到 36.5 亿吨,较上年增长 3.7%;原油产量达 2.07 亿吨,较上年增长 2.3%;水泥产量达 22.1 亿吨,较上年增长 5.3%;粗钢产量达 7.24 亿吨,较上年增长 5.6%。

经过多年的发展，我国已建立起独立、完整、有相当规模和较高技术水平的现代工业体系，在能源、冶金、化工、建材、机械设备、电子通信设备制造和交通运输设备制造及各种消费品等工业领域形成了庞大的生产能力，推动我国从一个物资较为匮乏的国家发展成为世界经济发展引擎、全球的制造基地，为我国经济繁荣、人民生活的富裕安康以及世界经济发展做出了卓越的贡献。

二　当前我国工业化水平和特征

经过几十年的经济发展，我国工业化水平大幅度提高，在新的历史阶段，我国工业化呈现出新的特征。

（一）我国已经进入工业化后期阶段

改革开放以来，我国开启了快速工业化进程，取得了举世瞩目的成就。进入 21 世纪，我国的基本国情已从农业大国转为工业大国。"十一五"期间，在复杂的国内外经济形势下，一方面，我国积极应对国际金融危机的重大挑战；另一方面，坚持科学发展观、转变发展观念，实施正确而有力的宏观调控，努力扩大内需，促进经济发展方式转变和产业结构调整，着重采取推进节能减排、城市化发展以及协调区域发展等重大举措，我国工业化进程继续推进，基本上走完了工业化中期阶段。进入"十二五"时期，我国工业化总体上已经步入工业化后期阶段。

从人均 GDP 来看，2010 年我国人均 GDP 达 29940 元，按当年平均汇率计算为 4423 美元，按 2005 年不变价计算为 3962 美元，按

2005 年美元购买力平价计算为 8506 美元，标志着我国进入工业化后期阶段。从三大产业产值比来看，2010 年第一产业产值占比为 10.1%，基本接近于 10%；第二产业产值占比为 46.8%，比重高于第三产业的 43.1%，相差 3.7 个百分点，由产业结构来判断我国已进入工业化后期阶段。从制造业增加值占总商品生产部门增加值的比重来看，虽然人口城市化率仍然低于工业化后期阶段至少 10 个百分点，且第一产业就业仍处于较高水平，但从整体上看，我国已经迈入工业化后期阶段。

从地区和区域来看，2010 年东部和东北部地区的工业化水平处于工业化后期的前半阶段，其中东部地区即将进入工业化后期的后半阶段；而中部和西部地区的工业化水平尚处于工业化中期的后半阶段。长三角地区已经进入工业化后期的后半阶段，领先于全国其他地区；珠三角、环渤海和东三省处于工业化后期的前半阶段，中部六省和大西北地区处于工业化中期的后半阶段，大西北地区的工业化水平最低，处于工业化中期的前半阶段。

（二）GDP 总量居世界第二与人均 GDP 快速向世界平均水平迈进

随着工业化的加快推进，近几十年来，我国 GDP 快速增长。自 2005 年我国 GDP 超过英国、法国后，2007 年我国 GDP 现价总量达 257306 亿元（约合 3.38 万亿美元），超过 3.32 万亿美元的德国，成为世界第三大经济体，GDP 总量增长率高达 13%。2010 年中国 GDP 总量达 58786 亿美元，超过日本的 54742 亿美元，成为世界第二大经济体。2012 年我国 GDP 总量为 519322 亿元，约占世界 GDP 的 11.5%，GDP 增速为 7.8%，明显快于世界主要经济体。

根据国际货币基金组织 2013 年上半年发布的《世界经济展望报告》，预计 2013 年和 2014 年全球经济增速将分别为 3.3% 和 4%。2013 年和 2014 年，新兴经济体和发展中国家的经济增速分别为 5.3% 和 5.7%，美国的经济增速分别为 1.9% 和 3%。中国 2013 年经济预期至 8.0%，2014 年预计为 8.2%，均高于新兴经济体和一些发达经济体的经济增速。

根据世界银行的数据，2012 年我国人均 GDP 为 6091 美元。据国际货币基金组织统计，我国人均 GDP 年增长率自 2008 年以来稳居世界前十，人均 GDP 世界排名不断上升。从人均 GDP 世界排名来看，2009 年，我国位居世界第 107；2010 年提升至第 95 名，进入了前 100 的行列；2011 年又得以提升，排在了全球第 87 名；2012 年，我国排名位居世界第 84。

（三）工业经济迅速发展、比重提高

工业化过程中，我国工业经济获得了快速发展。根据国家统计局公布的数据，1978 年我国第二产业产值 1745.2 亿元，2012 年达到 235318.6 亿元，是 1978 年产值的 134.3 倍。从增长速度看，1978～2012 年我国第二产业平均每年增长 11.3%，高于第三产业 10.8% 和第一产业 4.6% 的增速。

工业经济发展迅速，促使我国从农业大国转向工业大国。1952～2012 年，第一产业增加值占国内生产总值的比重由 51.0% 持续下降至 10.1%，下降了 40.9 个百分点；第二产业增加值占国内生产总值的比重由 20.8% 逐步升至 45.3%，上升了 24.5 个百分点。其中，2012 年，工业产值占国内生产总值的 38.5%，占第二产业的 85%；第三产业增加值占国内生产总值的比重由 28.2% 升至 44.6%，上升

16.4 个百分点。

（四）已形成庞大、完整的工业体系

经过 60 年的艰苦努力，新中国工业取得了令世人瞩目的辉煌成就。我国工业结构实现了从门类简单到齐全，从以轻工业为主到轻重工业共同发展，从以劳动密集型工业为主导向劳动、资本和技术密集型共同发展的转变，形成了庞大与完整的工业体系。目前我国已拥有 39 个工业大类、191 个中类、525 个小类，联合国产业分类中所列的全部工业门类我国都有。

从工业企业数量看，2012 年，全国规模以上工业企业达到了343769 个。其中，轻工业 139177 个，重工业 204592 个；大型企业9448 个，中型企业 53866 个，小型企业 280455 个。

（五）工业与服务业相互融合，生产性服务业快速发展

20 世纪 90 年代以后，我国产业结构不断升级，三次产业比重逐步向第三产业集中，服务业增长速度较快，出现了工业与服务业相互融合。一是现代工业经济活动已与技术研发、产品设计、品牌策划、人才培训、营销策划、电子商务、现代物流、售后服务等许多服务业融为一体，说明现代工业已包含了许多服务业。二是高技术产业属于第二产业，但目前高技术已大量进入现代服务业、高端服务业，这导致了难以按照传统的标准和方法对高技术产业进行产业划分的状况出现。

随着工业和服务业的深度融合，近年来，生产性服务业发展速度显著，结构也在不断优化。2004~2010 年，生产性服务业增加值由 2004 年的 22024 亿元增加到 2010 年的 62632 亿元，年均增速

19.03%，占第三产业增加值的比重由 2004 年的 34.11% 增长到 2010 年的 36.19%，同期占 GDP 的比重也由 13.78% 增加到 15.61%。从从业人数来看，2010 年从事生产性服务业的人数占全国就业人数的 14.48%，其中从事传统的物流服务的人数比重为 4.84%，金融业从业人员比重也有 3.60%。2004～2010 年，我国生产性服务业劳动生产率在不断上升，由 2004 年的 13.55 万元/人增加到 2010 年的 32.75 万元/人。

（六）部分重大工业技术突破并居世界领先水平

近十年来，在国家相关政策和科技计划的支持下，通过技术创新，攻克了一大批制约产业发展的共性关键技术，部分领域取得了突破性进展，有效地促进了产业结构的优化升级，保证了产业的持续快速发展。一批关键共性技术达到国际先进水平甚至国际领先，如大容量电炉生产高品质工业硅节能关键技术、电解锰电解后序工段连续抛沥逆洗及自控技术、低品位难选矿综合选别与利用技术、新一代 TMCP（控轧控冷）技术、高性能硅钢技术、大型节能环保稀土电解槽及工业制备技术等。近两年来，围绕新一代信息技术、高端装备制造等战略性新兴产业的发展，突破了高性能通用数字信号处理器、实时数据库管理系统技术、网络应用中间件技术、新一代搜索引擎技术、办公软件技术、新型智能移动终端嵌入式操作系统技术、MOSFET 功率器件技术、IGBT 芯片及模块技术、全数字化高速高精运动控制技术、高速切削技术等关键技术，有效地促进了战略性新兴产业的发展。

（七）成为世界工厂和制造业基地

随着国际分工及产业转移，我国逐渐成为"世界工厂"。从生产总量上看，我国煤炭、钢铁、水泥、平板玻璃、彩色电视机、家用电冰箱、洗衣机、空调、微波炉、各类纺织品以及日用轻工业品等很多工业品产量已经位居世界第一。目前，家电、皮革、家具、自行车、五金制品、羽绒等行业已成为中国在全球具有比较优势、有一定国际竞争力的行业。这些产品已出口到世界 200 多个国家和地区，在世界贸易量中占有极大的比重，为世界人民享受到物美价廉的日用消费品做出了巨大的贡献。从出口规模看，2009 年，我国成功超越德国成为世界第一大出口国；同时，作为出口主力的中国制造业在全球制造业总值中所占比例也达到 15.6%，成为仅次于美国的全球第二大工业制造国。

2013 年初，德勤有限公司和美国竞争力委员会发布了"全球制造业竞争力指数"，邀请世界各国全球性企业的 552 名经营者对各国和地区制造业基础设施的竞争力进行评价，结果排名第 1 位的是中国。2013 年该委员会发布的《全球竞争力报告》同样显示，无论是在 2013 年还是五年后，中国都将稳居全球第一，2013 年德国、美国分列第二、第三位。该指数是由美国竞争力委员会和德勤有限公司共同发起的，通过对全球 552 名首席执行官和高管的调查，了解不同国家和地区制造业的竞争力状况。

（八）成为第一制造业出口大国

随着工业化的快速发展，大量的工业制成品走出国门。目前，在全球一般消费类产品中，从小工艺品到冰箱、电视等家电产品，大量中国制造的商品出现在世界各地的超市。

在对外贸易出口总额上，我国出口贸易额在世界贸易中的份额处在不断攀升阶段。出口额从 1978 年的 97.5 亿美元增长到 2012 年的 20489.3 亿美元，占世界货物出口贸易额的 11.2%，位居世界第一。从出口产品结构来看，工业制成品已经成为出口产品中的绝对主力。工业制成品出口总额已由 1978 年的 45.29 亿美元增加到 2012 年的 19483.5 亿美元，增长了 429 倍多。工业制成品出口占货物出口总额的比重从 1978 年的 47% 上升到了 2012 年的 95.1%。

三　我国基本实现工业化的主要差距、制约因素和国际挑战

（一）主要差距

1. 人均 GDP 水平不高

据世界银行的数据，2012 年我国人均 GDP 为 6091 美元。按世界银行划分标准，我国属于中等偏上收入国家。经济发展阶段理论中，目前应用最广的是美国哈佛大学教授钱纳里的工业化阶段理论。按钱纳里的划分标准，人均 GDP 为 2990~5981 美元时，处于工业化实现阶段的中期阶段；人均 GDP 为 5981~11214 美元时，处于工业化实现阶段的后期阶段；而人均 GDP 为 11214 美元以上时，进入后工业化阶段。按这一标准，目前我国刚刚进入工业化后期，距离基本实现工业化还有一定距离。

2. 城镇化率低

2012 年我国城镇化率为 52.57%，与目前的世界平均水平相当，

但主要发达国家和新兴工业化国家实现工业化时，城镇化率在
60%~70%。我国现在的城镇化率是指在城镇居住半年以上的常住
人口的比重，不是真正的城镇化率，这一部分常住人口只是在城市
里工作，并没有完全享受到城市的基本公共服务，不能算是真正的
城市人口，如果剔除这一部分流动人口，我国的城镇化率其实只有
35%左右。虽然我国用30多年的时间走完了西方100年甚至更长时
间走过的城镇化道路，但我国城镇化质量提升的任务仍然十分艰巨。
未来一段时期，将是我国城镇化加速推进期，内需主导、消费驱动、
惠及民生的一系列政策措施将进一步引导居民消费预期，推动居民
消费结构持续优化升级，为我国工业持续发展提供有力支撑。

3. 国际产业分工地位较低

2009年，我国制造业在全球制造业总值中所占比例高达
15.6%，成为仅次于美国的全球第二大工业制造国。但我国制造业
的优势主要体现为市场广阔和要素成本较低，而这种低成本优势主
要存在于中低端的产业、产品和生产环节中。2011年加工贸易出口
占比44%，大部分出口企业长期处于全球价值链分工的中低端，许
多产品主要通过贴牌生产（OEM）方式嵌入全球价值链，价值实现
主要集中在劳动密集、技术水平低的生产加工环节上，较少涉及产
品设计、高端制造、品牌经营等高附加值环节，多数企业缺乏核心
技术和自主品牌，产品附加值低，收益微薄。跨国公司充分利用全
球化的生产和组织模式，以核心技术和专业服务牢牢掌控着全球价
值链的高端环节，我国工业企业提升在国际产业分工中的地位的任
务还十分艰巨。

4. 关键核心技术和重大装备自主性不足

我国作为一个工业大国已经具备了比较完整的技术体系，核心

技术突破还是制约我国科技现代化水平、技术体系先进性提高的瓶颈因素。从关键技术自给率看，我国的纺织机械、高端机床、高速胶印机、集成芯片制造设备和光纤制造设备产品进口分别达到70%、75%、75%、85%和100%；从专利看，2010年我国申请的国际PCT专利12337件，仅相当于美国的1/4、日本的1/3。美国、日本、德国分别掌握了纳米技术领域43%、17%和10%的专利，占到全部专利的70%，而我国在纳米技术领域掌握的专利微乎其微。

5. 国际知名品牌不足，企业国际竞争力不强

美国《财富》杂志正式公布2013年世界500强企业名单，我国内地企业有95家，仅次于美国位居第二，而2002年时我国还仅为11家。虽然进入世界500强的企业数量不断增多，但我国的国际知名品牌数量明显不足。美国的品牌咨询公司Interbrand每年发布"全球最佳品牌榜"，多年来始终没有一家中国内地品牌入榜。世界500强企业只是表明经营规模有多大，而真正做强的标准是盈利能力，其中包括品牌影响力有多大。我国进入世界500强的企业在品牌价值上并未得到认可。西方经济强国大都拥有一批具有国际竞争力的世界级企业和世界级品牌。当前，我国已成为世界第二大经济体，经济总量、产业规模、企业数量已经达到较高水平，却缺少世界一流企业以及在世界范围内叫得响的企业品牌和产品品牌。另外，我国产品的质量信誉也不高，对外国消费者而言，中国制造意味着价廉，同时也意味着质低。

6. 普通劳动者技能素质不高

根据国家统计局的《2011年我国农民工调查监测报告》，2011年全国农民工总量达2.5亿人，从事制造业的比重最大，占36%，也就是说，2011年从事制造业的农民工约为9100万人。调查还显

示，2011 年农民工中初中及以下文化程度者占 77%。从这个侧面看，当前我国工业从业者受教育程度普遍不高、培训严重不足。而西方先进工业化国家已经形成了高中教育程度占多数的产业工人群体。根据中国人力资源市场信息网监测中心在全国部分城市公共职业介绍服务机构收集的劳动力市场职业供求状况信息显示，2011 年，技师、高级技师、高级工程师的岗位空缺与求职人数比值分别达到了 1.88、1.76 和 2.29。目前我国工业劳动者技能不高已经成为制约工业转型升级的重要因素之一。

（二）制约因素

1. 结构矛盾问题

目前我国工业结构的特点之一是重型化，重工业产值占工业产值的比重一直在 70% 以上。虽然我们已经意识到产能过剩、资源环境约束等决定了我国重工业化增长方式是不可持续的，但未来一段时期我国工业结构的重化工业进程还不会停滞。"十二五"期间，我国将继续增强对基础设施建设的投资力度，再加上城镇化进程的加快，都会加速重化工业的发展。我国工业结构的另一个特点是高端制造业占比较低。虽然我国已经出台了鼓励战略性新兴产业发展的政策，但产业转型升级之路将会非常漫长。我国大量企业长期以来一直处于产业链中低端，缺乏自主创新主动性，也缺乏相关支持。而大型跨国公司正开展全球战略布局，利用全球市场，借助自身的技术创新能力，牢牢控制着产业链的高端。我国企业向高端制造业迈进不仅面临自身基础较差的劣势，而且也面临着强劲的竞争。

2. 产能过剩问题

2004 年以来，抑制产能过剩就成为中国进行宏观调控的重点。

自此之后，几乎每年都会有传达抑制过剩产能的中央政策文件出台。2008年，中国政府为应对国际金融危机推出4万亿元投资计划后，产能过剩又成为一个热点问题。随着需求下滑，产能过剩带来的利润下滑在2012年给中国企业带来了"切肤之痛"。2013年"两会"期间，新华社报道称，2012年除钢铁、水泥、平板玻璃、煤化工、造船等传统行业产能仍存在大量过剩外，氮肥、电石、氯碱、甲醇、塑料等一度热销的化工产品也因产大于需而出现销售困难；铜、铝、铅、锌冶炼等有色行业生产形势低迷，大型锻件也存在着产能过剩的隐忧。中国企业联合会近期发布报告，分析了我国四大行业产能过剩形势。首先是钢铁行业，2012年中国粗钢产能9.5亿吨，粗钢产量7.2亿吨，产能利用率约76%，略低于美国、日本设定的78%的产能过剩临界点。其次是水泥行业，2012年水泥产能利用率为79.04%，较2011年的80.4%略有下降，但行业整体利润下降了45%。再次是平板玻璃行业，产能利用率为79.9%，连续三年持续降低，略低于发达国家80%的临界值。最后是电解铝，2012年全国电解铝产能为2700万吨，产能利用率为74.07%，电解铝企业亏损面达到93%。产能过剩已经成为困扰中国经济的"顽疾"，对工业化进程也将产生不利影响。

3. 成本提高问题

近年来，在用工、原材料、物流等成本持续上涨的共同影响下，我国工业企业生产经营成本显著上升。首先，人工成本高。2010~2012年各省市最低工资标准持续上调，平均上调幅度为25.2%，工资上涨速度远超过企业利润增速。从长期来看，总体劳动力数量正在下降，尤其是农村剩余劳动力快速枯竭，进一步推升了工资水平。

很多企业还面临工人流动性大、合格工人难招的问题。其次，能源、原材料成本高。近年来，受全球流动性过剩和大宗商品价格暴涨的影响，我国的铁矿石、棉花、有色金属等原材料价格普遍上涨，对企业产生严重冲击。2007～2011 年，国内消耗的大宗商品平均价格上涨了 51%，小麦、玉米等软性商品价格上涨 60%，金属价格上涨 19%。安永咨询公司发布的报告指出，2007～2011 年国内的能源价格上涨 77%。近年来，我国工业传统的低成本竞争优势逐渐削弱，未来工业化的重心必须转向提升工业发展的内在质量，培育和形成新的竞争优势。

4. 资源消耗问题

自 20 世纪 90 年代中后期以来，我国工业结构出现了显著的重化工业化趋势，虽然一个大国经济体在工业化的中后期阶段，其工业化水平的提高以重化工业的发展为主，符合工业结构演变的规律。但是，我国重化工业化的推进方式具有明显的粗放型和外延式特点，资源消耗高、环境影响大的问题随着重化工业占工业比重的不断上升被迅速放大。现阶段，我国能源资源供给和生态环境已无法支撑高投入、高消耗、高污染的外延式扩张。重化工业的一个主要特点就是生产过程需要大量的能源资源投入，是所有产业中耗能最高的产业。"十一五"时期以来，煤炭、天然气、电力和液体燃料四大类主要能源产品用于工业的比例有所提高，冶金、化工、石化是消耗能源最多的工业部门。我国资源能源利用效率远低于发达国家，根据世界银行的数据，用购买力平价衡量，2011 年美国单位能源消耗产生的价值是 6.04 美元，日本为 8.52 美元，而我国仅为 3.66 美元。现阶段，我国能源资源供给和生态环境已无法支撑高投入、高消耗、高污染的外延式扩张。

5. 生态环境问题

重化工业的生产特点决定了其对非清洁能源有着较大的依赖性，这使得重化工业生产过程不可避免地产生大量污染物。虽然国家积极推动环保技术改造，但重化工业增长与资源环境消耗之间显著的正相关关系并没有得到改变，重化工业发展带来的资源消耗和环境污染仍是当前我国工业发展中极为严重的问题。2012 年我国发布了新的《环境空气质量标准》，按照新标准对二氧化硫、二氧化氮和可吸入颗粒物的评价结果表明，地级以上城市达标比例为 40.9%，下降 50.5 个百分点；环保重点城市达标比例为 23.9%，下降 64.6 个百分点。2013 年以来，我国北方地区遭遇长时间的严重雾霾天气，许多城市 PM2.5 指数持续大幅超标。除此之外，我国土壤污染、地下水污染和流域水污染状况也十分严重，污染治理任务相当艰巨。

6. 创新不足问题

根据世界银行统计，2009 年 OECD 国家 R&D 经费支出占 GDP 的比重为 2.50%，美国和日本分别为 2.90% 和 3.36%，世界平均水平为 2.21%，我国只有 1.70%。R&D 强度（R&D 支出与工业总产值之比）代表着产业的创新能力。我国工业各子行业的 R&D 强度普遍在 1% 以下或略高于 1%，特别是在一些高技术领域，中国的研发投入差距表现得尤为明显。例如，在制药行业，美国、日本、韩国的 R&D 强度分别为 24.47%、16.40% 和 2.92%，而中国仅为 1.41%。与美国、德国、日本等国家相比，我国技术水平还比较落后，创新能力还有待加强，整体上还没有达到世界先进水平，尤其是对于一个工业强国而言，具备世界领先的技术水平和创新能力，是其在国际竞争中具有强势地位的基本保证。我国企业在国际分工和国际竞争格局中处于不利地位的一个直接原因就是我国技术先进性不够，还没有建立全面先进的技术体系。近年来，我国知识产权数量增长迅速，PCT 国际专利申请量、国际科技论文数于 2011 年均分别跃居世界第一和第二，已成为名副其实的知识产权大国，但知识产权对于工业技术创新的支撑作用仍然十分有限，造成这一问题的突出原因在于：一是政府对知识产权的保护严重不足；二是企业不能创造和获取高质量的知识产权，实现知识产权经济价值的能力较弱；三是企业应对知识产权纠纷的能力不强。目前，相当多的企业在进行技术创新时过于注重技术的先进性，致使研发投入后获得的经济效益十分有限。

（三）国际挑战

1. 外贸结构挑战

近年来，在成本优势不断减弱、外需增长放缓的形势下，我国对外贸易面临困境，大量外贸企业处于生存发展与结构调整的两难境地。我国的外贸结构有诸多不平衡、不可持续之处，比如，欧、美、日三大市场占我国出口的近 50%，贸易当中加工贸易的比重仍然较高，货物贸易的比重占到整个出口贸易的 80% 以上。从区域来说也不平衡，现在沿海 10 个省市的对外贸易量占全国对外贸易量的 90% 左右。另外，我国出口商品的附加值低，虽然近年来高新技术产品出口比重有所上升，但总体仍处于较低水平。由于我国尚未形成以技术为主导的竞争优势，近年来虽然我国在全球的贸易地位有所提升，但贸易利润没有明显增加。

2. 外贸摩擦挑战

在经济复苏乏力的情况下，一些国家为抢占市场、提高产业竞争力，频繁采取贸易保护主义措施。目前我国面临的贸易摩擦的数量和金额不断上升，已经成为遭受贸易救济调查最严重的国家之一。2002～2012 年的 10 年间，我国应对的国外的贸易救济措施的案件一共 842 起，涉及案件金额达 736 亿美元。2012 年，21 个国家对中国产品发起 77 起贸易救济调查，涉案金额达 277 亿美元，同比分别增长 11.6% 和 369%。其中，欧盟对中国光伏产品发起的反倾销反补贴调查，金额高达 204 亿美元。同时，贸易摩擦还表现出一些新的特点：一是高端制造领域摩擦升级。随我国机电等产业向高端升级转型，与美国、欧盟等发达国家和经济体构成更多的竞争，因此高端制造领域摩擦不断升级。二是与发展中国家的贸易摩擦也呈现增多趋势。2012 年贸易救济措施中，有 70.1% 与发展中国家和新兴市场有关。近年来我国对发展中国家和新兴市场对外贸易的增长非常快，但贸易摩擦也随之增多。

3. 工业革命挑战

新世纪以来，世界科技、产业、商业模式创新空前活跃，新的工业革命渐行渐近。由于新的工业革命将使生产方式从大批量生产转向个性化定制生产和分散式就地生产，这种转变可以让已经转移到发展中国家的工作机会重新回到发达国家，于是境外媒体大量炒作"中国崛起将被第三次工业革命终结"的言论。但能否抓住新工业革命带来的新一轮发展机遇，抢占科技和产业竞争制高点，的确将很大程度决定我国在未来世界经济中的地位。以数字化制造为特征的新工业革命，将给我国工业带来一系列挑战。数字化制造将使劳动力成本影响产业竞争力的重要性下降。未来几年我国的劳动力成本优势将进一步减弱，数字化制造的影响有可能加速削弱我国的既有比较优势。另外，数字化制造并不是简单的机器替代劳动，数字制造技术、知识产权、设计、软件、品牌对产业竞争力的影响程度提高，这些非物质要素成为推动经济增长的关键，而这些方面恰恰是我国的短板。另外，新的工业革命的当地化、分散化的生产方式，也可能对我国出口依赖的产业体系形成挑战。

4. 欧美制造业回归挑战

随着经济全球化深入发展，全球产业链格局正在深刻变化，产业国际分工深刻调整。发达国家纷纷实施再工业化和制造业回归战略，凭借资本和技术优势加紧控制产业价值链的高端环节。2011年，波士顿咨询集团一份名为《美国生产复兴——为何制造业将返回美国》的报告指出，金融危机使美国正成为一个生产制造的"较低成本国家"。该报告指出，2005 年中国劳动力平均成本是美国劳动力成本的 22%，但 2010 年这一数值达到了 31%。与此同时，中国工厂每小时生产力工资是 8.62 美金，美国南部为 21.25 美金，但预计 2015 年中国长三角地区会达到 15.03 美金，美国南部则是 24.81 美金，差距将进一步缩小。

5. 新兴国家挑战

除了面对发达国家再工业化的挑战外，我国制造业还面临周边新兴国家的挑战。随着我国制造业低成本比较优势逐步削弱和周边国家工业化发展加快，部分对成本较为敏感的产业和产品订单出现向周边国家转移迹象。2007 年，我国制鞋业工资水平还只是略高于周边国家，到 2012 年已相当于越南和印尼的 2 倍，印度和孟加拉国的 3 倍，柬埔寨的近 4 倍。我国一度是耐克最大的全球制造基地，生产了全球 40% 的耐克鞋，但目前越南已经成为耐克最大的生产基地。阿迪达斯近年也已经关闭了在我国的最后一家直属工厂，转战东南亚市场。2012 年，我国劳动密集型产品在美、欧、日的市场份额同比都出现了一定程度的下降，流失份额主要被周边低成本国家挤占。在我国劳动密集型产品面临的国际竞争加剧的状况下，出口企业迫切需要加快培育技术、质量、品牌、服务等综合优势，才能在新一轮国际科技产业竞争中赢得主动。

6.国际化经营挑战

我国企业大部分海外投资是在过去 10 年内完成的，国际化经营的时间短，国际化程度不高，主要表现在：我国企业对遵守东道国法律的意识不强，获取政策、市场信息的能力不强，缺乏对外投资与国际化经营战略，管理机制不适应跨国经营的要求，国际化人才与经验不足，利用国际国内金融市场的能力不足，跨文化整合能力较弱，缺乏处理与东道国工会关系的能力，风险管理与应对能力有待加强，等等。

第三章　我国到 2020 年基本实现工业化的主要标志及其指标评价

自 18 世纪末第一次工业革命以来，工业化逐渐成为世界各国经济社会发展的主题。伴随着技术进步和制度优化，工业化的路径和方式也在不断调整变化，"实现工业化"这一判断在不同的历史时期包含着不同的发展内涵和发展要求。因此，对我国在 2020 年基本实现工业化的评价，既要符合工业化的一般规律，主要指标应该达到或基本达到工业化国家在相近发展阶段的水平，又要从现阶段我国工业化发展的国内外环境、基本趋势和具体国情出发，在某些发展指标上进行相应的调整。

一　我国基本实现工业化的主要标志及其指标分析

（一）不同国家实现工业化的标志

从第一次工业革命开始到现在，不同国家实现和实施工业化大致可以分为以下四个梯队：第一个梯队以英国、美国为代表，这些老牌资本主义国家用了 100 年左右的时间在 20 世纪初完成了工业化历程；第二个梯队以苏联和日本为代表，这些国家工业化的道路不尽相同，但都在较短的时间内实现了对西方工业化国家的赶超；第三个梯队以韩国为代表，通过外向型的经济发展模式，成为新兴的工业化国家；第四个梯队是中国等发展中国家，因为历史原因，这些国家的工业化起步晚，但发展快，例如，中国在最近 30 年工业化的速度超过了任何工业化国家历史上的最高速度。

分析各个国家不同历史时期工业化的特征，可以看出，虽然各国的工业化路径互有区别，但实现工业化的过程存在以下五点共性。一是，经济发展达到较高水平。工业化是一个解放和发展生产力的过程，最重要的目标是加快经济发展速度，无论是在 19 世纪、20 世纪还是 21 世纪，一个国家和地区要实现工业化，其经济发展水平都应该进入或基本达到中高收入国家行列。二是，经济结构发生深刻变化。工业化是工业和服务业替代农业成为国民经济支柱的过程，在工业化的整个过程中，工业和服务业会先后成为经济增长的主要动力，在工业化的中后期还会出现一个显著的重化工业化过程。同时，工业化中大量人口从农村进入城市，人口的城乡结构也发生显著改变。三是，技术水平达到相当高度。与农业社会主要依靠积累实现经济的缓慢增长不同，工业化是一个依靠技术发展推动经济实现高速增长的过程，因此工业化国家应当在工业技术的整体水平或至少在某些技术领域达到世界先进水平。四是，对以往工业化存在的弊端和问题有应对措施。很多老牌工业化国家的工业化过程都有遗留问题，有的造成贫富差距，有的破坏环境，有的形成垄断，后起国家应该尽可能避免传统工业化造成的问题，换句话说，工业化应该是一个不断优化改进的过程。五是，与世界经济融合达到一定深度。工业化带来经济的爆发式增长和分工的专业化使得一个国家或地区很难仅依赖自身资源和市场支撑经济增长，需要毫不动摇地坚持开放，不断地开发国外资源和开拓外市场，因而工业化也是一个与世界经济融合加深的过程。

自 18 世纪末英国工业革命迄今，人类社会经历了两次工业革命并正在迎来第三次工业革命。在这一历史过程中，欧洲、北美、澳洲和亚洲有近 40 个国家和地区完成或基本完成了工业化进程，世界上已有七分之一多的人口能够享受到工业化国家安全、舒适、富裕的生活。当然，人类文明、国家制度、技术水平在近 200 年间发生了巨大变化，因此造成各个国家在不同时期实现工业化的标志及其对应指标的发展水平有所不同。如表 3 - 1 所示，第一次工业革命始于 18 世纪晚期的英国。率先工业化的英国和部分欧洲国家经济发展速度明显加快，大量农民涌入城市成为产业工人，纺织业成为支柱工业。蒸汽机的发明和炼铁工艺的改进是最重要的技术进步标志。军事征服和经济掠夺相结合的殖民地贸易是这一时期工业化国家与非工业化国家联系的主要形式。同时，粗放式的增长方式造成严重的环境污染。第二次工业革命始于 20 世纪初，技术和生产组织变革的中心由欧洲大陆转移到美国。第二次工业革命期间，工业发达国家的人均 GDP 陆续超过 10000 美元，贫困问题基本被消除。石化、钢铁、汽车等重化工业替代轻纺工业成为主导工业行业，服务业的发展速度加快，占国民经济的比重超过工业，城市化进程基本结束。内燃机和电机成为主要的动力装备，钢铁成为最重要的工业原材料。各国开始重视环境问题，对以前造成的损害进行补救，并严格控制污染物的排放。二战以后，殖民体系瓦解，新的国际分工格局逐步确立，自由贸易成为各国经济联系的主流。当前，人类正在迎接第三次工业革命。在这一时期，工业发达国家的人均 GDP 已经在 10000 美元的基础上翻了几番，新兴工业化国家的人均 GDP 也超过 10000 美元。电子信息、新能源、新材料等产业正在替代传统的重化工业成为最重要的产业部门，生产性服务业发展也开始加速。快速成型技术和工业机器人技术的成熟与应用将对制造业产生巨大冲击，清洁能源的比重不断提高，复合材料、纳米材料的应用范围越来越广。各个国家都在探索和实施环境友好型的经济发展方式，改变过去"先污染、后治理"的生态建设思路。全球经济一体化趋势不可阻挡，世界各国间的经济联系越来越紧密，绝大多数国家都已经融入世界经济体系。

表 3 - 1　不同历史时期工业化的标志

不同时期工业化的标志	第一次工业革命	第二次工业革命	第三次工业革命
经济发展	经济发展明显加速，贫困人口减少	人均 GDP 接近 10000 美元，人民生活明显改善	人均 GDP 超过 10000 美元，人民生活富裕
结构变化	以纺织业为代表的工业主导国民经济发展；城市化进程起步	石化工业、钢铁工业、汽车工业成为主导工业，服务业比重超过工业；基本完成城市化	电子信息产业、新能源、新材料成为主导工业，生产性服务业发展加速
技术进步	蒸汽机；蒸汽能；熟铁	内燃机、电机；电力；钢铁	快速成型技术、工业机器人；清洁能源；复合材料、纳米材料
生态建设	严重的环境污染	开始对环境进行治理，对排放进行控制	环境友好型的经济发展方式
国际联系	殖民地贸易	国际分工基础上的自由贸易	全球化背景下的自由贸易

中国的工业化是世界工业化的组成部分，具有工业化的一般规律和特征。同时，中国的工业化又是一个超过 13 亿人口的国家的工业化，且跨越两次工业革命，因此具有自身的特殊性。首先，

中国的工业化是一个大国工业化的过程。一方面，中国的工业化是相对完备的工业化。即便是在一个开放的环境下，作为一个人口超级大国，中国也必须构建起完整的三次产业体系，工业化必须覆盖到经济社会发展的方方面面。另一方面，中国的工业化也是梯度的工业化。由于历史原因和特殊国情，中国的工业化是从东部沿海地区向内陆和西部地区梯度推进的，这也造成了区域发展不平衡的问题，在全国整体进入工业化后期，北京、上海已经完成工业化的同时，中、西部地区还有很多省区市仍处于工业化中期，甚至初期阶段。其次，中国的工业化是 21 世纪的工业化。发达国家在 19～20 世纪的工业化对地球生态环境造成了严重的伤害，并在一定程度上影响到子孙后代的可持续发展。中国的工业化必须吸取发达国家的教训，更有效地使用自然资源，最大可能地减少工业化对生态环境造成的不利影响。最后，中国的工业化跨越两次工业革命。大多数发达国家到 20 世纪中期基本完成了工业化，在 20 世纪 80 年代以后陆续迎来新的信息革命，而目前中国刚刚进入工业化的后期，信息化与工业化需要同步推进，虽然两化融合发展是中国工业化的后发优势之一，但现阶段很多基础设施建设、技术研发、工艺改进、设备改造等工作还是对第二次工业革命的"补课"，中国尚不具备全面迎接第三次工业革命的成熟条件和环境。

考虑到上述特殊性，中国基本实现工业化的标志与发达国家相比应该更具有时代性，必须符合当前全球经济社会发展的大趋势。从反映工业化各标志的具体指标看，与发达国家实现工业化时的情况比较，中国基本实现工业化时的指标可能有些同步，有些超前，还有一些也可能是滞后的。

（二）我国基本实现工业化的主要标志及其指标分析

关于工业化水平的评价和工业化阶段的划分，存在不同的方法和指标，每种方法都有其相应的优点，但在具体应用中也不可避免地存在局限性。代表性的工业化阶段划分方法包括钱纳里的基于国民收入水平的划分、霍夫曼基于消费资料工业净产值与资本资料工业净产值比值的划分以及罗斯托基于主导产业扩散效应的划分。除了上述三种最主要的工业化划分方法外，日本经济学家南亮进基于物质生产特征的划分、联合国工发组织基于制造业增加值占总商品生产增加值比重的划分也是常用的方法。在具体的应用研究中，大多数学者都采用综合的方法对特定国家和地区的工业化进程和阶段进行判断，以取得更加客观的效果。对中国工业化阶段的研究主要始于 20 世纪 90 年代，吕政、金碚、郭克莎、黄群慧等学者在这一领域有较多的研究成果，他们从中国工业化的特殊性出发，对国外学者关于工业化阶段判断的依据进行了修正，以更加符合中国的具体国情和工业化所处的特定历史阶段特征。

综合国内外的相关研究，可以将现阶段实现工业化的主要标志归纳为经济发展、结构变化、技术进步、生态建设和国际经济联系五个方面，具体到每一个标志，又可以使用若干个相关指标进行描述。联系到目前我国工业化发展的国内外环境、基本趋势和具体国情，这里我们选取了 10 个指标分别描述我国基本实现工业化的五个标志。

1. 经济发展标志

中国虽然已经是全球第二大经济体，但从人均水平看，仍然是一个比较落后的国家。根据世界货币基金组织的统计，按照汇率计算，2012 年中国 GDP 达到 82270.37 亿美元，全球排名第二，领先日本的优势进一步拉大，但是，中国人均 GDP 仅为 5432 美元，全球排名第 87 位，低于 9998 美元的世界平均水平。到 2020 年，中国要基本实现工业化，不仅经济总量要达到一定的水平，更重要的是，人均 GDP 要达到工业化国家的最低要求。考虑到中国是一个人口大国，总量指标难以衡量其发展水平在世界所处的真实位置，也难以反映其实际的工业化程度，我们采用 "人均 GDP" 作为衡量经济发展标志的唯一指标。

2. 结构变动标志

服务业的快速发展，并替代第二产业成为三次产业结构中比重最大的产业部门是工业化后期和后工业化时期最重要的产业结构变动特征。在当前阶段，服务业的发展有两个明显的变化：一是随着社会分工的发展，在同等收入水平上，个人消费中用于购买服务的比重有所提高；二是随着工业现代化和专业化的发展，从工业派生出来的生产性服务业成为服务业中增长最快的部门。在工业化的后期阶段，服务业是增长最快的产业部门，服务业增加值占 GDP 的比重也趋于上升。因此，我们采用 "服务业增加值占 GDP 比重" 作为衡量结构变动标志的指标之一。

城乡差异过大一直是改革开放以来我国工业化遗留的严重问题之一。必须认识到，工业化和城市化是相互促进、相互补充的，即工业化带动城市化的发展，而城市化的聚集效应也会促进工业化的进步。虽然现阶段中国城市化进程和新农村建设有所加快，但是总体上看，城市化仍然滞后于工业化，农村地区的发展还落后于城市发展、农民收入与城镇居民收入的绝对差距还在扩大。随着经济发展和人们收入的增加，工业化不仅反映在产业发展上，也会反映为城市化水平的不断提高。因此，我们这里采用"人口城镇化率"作为衡量结构变动的另一个指标。

结构的变化不仅表现在产业结构和城乡结构上，也反映在就业的变化上。按照发达国家发展的一般规律，随着工业化的推进，生产工具的改进和生产效率的提高，第一产业就业将逐渐向第二产业和第三产业转移，在实现工业化的阶段，主要表现为第一产业就业比重的下降，而在后工业化阶段主要表现为第三产业就业比重的增长。我国当前尚处于工业化中后期向基本实现工业化迈进的阶段，因此，我们采用"第一产业就业比重"作为衡量结构变动的第三个指标。

3. 技术进步标志

经济的增长和工业化的推进可以依靠要素投入的增加，这是很多国家在工业化初期所采用的发展方式。改革开放以后，通过充分利用廉价的劳动力、宽松的环保要求和多样化的优惠政策，中国创造了工业化发展的速度奇迹。但是，2000 年以后，中国经济发展和工业化的环境发生了深刻变化，人口红利正在消退，能源资源约束逐渐加强，生态保护压力增大，传统的依靠增加生产要素投入实现经济增长和推进工业化的方式已经走到尽头，在中国由工业大国向工业强国转型过程和由工业化中后期向基本实现工业化迈进的阶段，技术进步必然是保持经济高位增长和推动工业化发展的核心动力。R&D 经费支出能够比较综合和全面地反映一个国家和地区技术研发的投入，在学术研究、政策考核和竞争力评价中被广泛使用。因此，我们采用"R&D 经费支出占 GDP 比重"作为反映技术进步标志的指标。

中国的工业化跨越了两次工业革命，信息化与工业化是同步推进的，全面判断技术水平的高低还应包含反映信息化发展程度的指标。目前，对生产、管理信息化程度的判断没有统一的标准，难以进行国际比较。这里我们采用"每百人互联网用户数"作为衡量信息化发展程度的指标，与"R&D 经费支出占 GDP 比重"这个指标一起，共同衡量技术进步标志的变化。

4. 生态建设标志

工业化提高了人类改造和利用自然的能力，同时也不可避免地会对自然环境和生态系统造成影响。传统的工业化过程是"先污染，后治理"，即在工业化高速推进的阶段以牺牲生态环境为代价，在工业化的后期和实现工业化之后再对生态环境进行修复。中国将生态建设纳入工业化的范畴，因此工业化是与生态保护共同推进的，这也是中国工业化的一大特色。改革开放以来，中国逐步健全污染物监管体系，特别是针对污染物排放较大的工业部门，已经形成较为完善的监督和评价体系。例如，中国环境部门对工业废水、工业二氧化硫、工业固体废物的处理、排放和再利用的统计和监管已有近20 年的历史。这里我们采用"人均二氧化碳排放量"作为反映工业化对环境影响的代表性指标，因为二氧化碳是工业生产和工业品消费过程中产生的最普遍的排放物。

加强生态建设，必须把环境保护和治理放在更加重要的位置，需要不断提高环境治理的投资强度。因此，我们将"环境污染治理投资占财政支出的比重"作为生态建设标志的另一个衡量指标。

5. 国际经济联系标志

改革开放之后，中国的工业化逐步融入世界经济，外商直接投资和国际产业转移对启动 20 世纪 80 年代中国的经济增长起到了至关重要的作用。更重要的是，出口增长为日益增长的中国制造业提供了广阔的市场，使得中国制造业能够有效发挥低要素成本的比较优势。目前，中国工业制成品出口额稳居世界第一，制造业在相当长时期内都是中国最具竞争力的产业部门，是推动中国经济增长和工业化进程的最重要力量。这里我们采用"工业制成品出口额占全球出口总额比重"作为衡量中国制造业产品国际竞争力的指标。

相对于工业产品的进出口，对外直接投资是与世界经济更深入的联系方式。国家间的相互投资不仅可以加强双方产业的分工联系，促进统一市场建设，也是跨境资本、人才、技术交流的重要形式，更是获得和整合国外资源的重要平台。未来中国加强与世界经济的联系程度不仅要依靠贸易进出口的增长，更依赖于对外直接投资的发展。考虑到中国经济总量较大，使用"人均对外直接投资额"作为衡量中国经济与国际经济深层次联系的指标。

综上所述，衡量我国基本实现工业化应有五大标志，对应 10 个指标，如表 3 - 2 所示。

表 3 - 2　我国基本实现工业化的标志及其指标

基本实现工业化的标志	对应的指标
经济发展标志	人均 GDP
结构变动标志	服务业增加值占 GDP 比重 人口城镇化率 第一产业就业比重
技术进步标志	R&D 经费支出占 GDP 比重 每百人互联网用户数
生态建设标志	人均二氧化碳排放量 环境污染治理投资占财政支出的比重
国际经济联系标志	工业制成品出口额占全球出口总额比重 人均对外直接投资额

二 到 2020 年我国基本实现工业化主要指标的水平评价

对我国到 2020 年是否基本实现工业化进行评价是一个系统的判断，涉及对各主要标志指标的分析和预测。以下我们参照主要工业发达国家（美国、日本、德国）和新兴工业化国家（韩国）实现工业化时相应指标达到的水平，结合我国的具体国情和目前的发展现状，对我国到 2020 年基本实现工业化主要标志指标应该及可能达到的水平进行分析和预测。

（一）经济发展标志指标的水平

根据钱纳里、郭克莎等人的研究，一个经济体进入工业化后期，其人均 GDP 按照 2005 年美元计算应该达到 5960～11170 美元。如果要达到发达经济初级阶段，其人均 GDP 按照 2005 年美元计算则要达到 11170 美元以上。由于我国人口众多，地区差异较大，到 2020 年人均 GDP 超过 11170 美元（按照 2005 年美元计算）的难度较大，但要完成基本实现工业化的目标，按照现价计算的人均 GDP 至少应该达到 10000 美元。

根据世界银行的统计数据（见表 3－3），中国人均 GDP 到 2010 年比 1980 年翻了四番多，明显快于世界平均增速，也快于中等收入国家和中低收入国家的平均增速。分阶段看，"九五"末的 2000 年，中国人均 GDP 接近 1000 美元，接近中低收入国家的平均水平；"十五"末的 2005 年，中国人均 GDP 超过中低收入国家的平均水平，但仍然低于中等收入国家的平均水平，仅相当于世界平均水平的四分之一；到"十一五"末的 2010 年，中国人均

GDP 超过中等收入国家的平均水平，相当于世界平均水平的一半。
虽然中国人均 GDP 实现了高速增长，但与世界平均水平比较还相
差甚远，与发达国家的绝对差距还在不断扩大，在中等收入国家中
也并不具有显著优势。要在 2020 年基本实现工业化，中国的人均
GDP 必须保持较快增长，努力赶上世界平均水平，缩小与发达国家
的差距。

2000～2010 年，中国人均 GDP 的增速保持在 7% 以上，是全世
界增速最快的经济体。由于中国在"十一五"期间已进入工业化发
展的后期，未来的经济增速可能放缓。但也应该看到，由于以城市
化建设为主的基础设施投资以及城市化带来的消费需求释放的拉动，
中国经济仍将处于高位增长区间。十八大提出了通过转变经济增长
方式、实现高质量就业、抓好收入分配，实现 2020 年国内生产总值
和城乡居民人均收入比 2010 年翻一番的目标，即"收入倍增计划"，
这进一步增强了人均 GDP 保持较快增长的可能性。

表 3－3　中国人均 GDP 与主要工业化国家、新兴工业化国家和世界平均水平的比较

单位：美元

年　份	1960	1970	1980	1990	2000	2005	2010	2011
中国	92	112	193	314	949	1731	4433	5445
美国	2881	4998	12180	23038	35082	42516	46612	48112
日本	479	2004	9308	25124	37292	35781	43064	45903
德国	—	2672	11746	21584	22946	33543	40164	44021
韩国	155	279	1674	6153	11347	17551	20540	22424
高收入国家	1392	2754	9504	18371	25265	33920	38517	41062
中等收入国家	160	231	752	892	1259	1942	3763	4588
中低收入国家	153	220	700	820	1132	1729	3315	4032
世界平均	447	785	2479	4079	5297	7142	9116	10040

资料来源：世界银行数据库（http：//data. worldbank. org）。

如果未来中国人均 GDP 能够保持 7% 以上的年均增长率，"收入倍增计划"得以实现，到 2020 年，中国人均 GDP 应该超过 10000 美元，接近或超过目前世界平均水平，以及美国 1975 年、日本和德国 1980 年、韩国 2000 年的水平。中国人均 GDP 达到 10000 美元虽然按现价美元计算超过了工业发达国家和新兴工业化国家在实现工业化时的水平，但如果以不变价美元计算，中国在 2020 年基本实现工业化时，人均 GDP 的水平与工业发达国家和新兴工业化国家基本实现工业化时的水平还存在较大差距。

（二）结构变动标志指标的水平

1. 服务业增加值占 GDP 比重

改革开放初期，中国服务业增加值占 GDP 的比重只有 1/5，到 20 世纪 90 年代末提高到近 1/3，到"十一五"末进一步提高到 43% 以上。从服务业增加值占 GDP 的比重的变化速度看，改革开放 30 年间，第一个十年提高了 10 个百分点（见表 3 - 4），第二个十年提高了 7 个百分点，第三个十年提高了 4 个百分点。从变动态势看，中国服务业增加值占 GDP 的比重已经进入一个相对放缓的阶段。中国的服务产品在全球的竞争力水平和服务产品出口占全球服务贸易出口的比重，明显低于工业品在全球的竞争力水平和工业品出口占全球工业品贸易出口的比重，因此，在同样是进入服务业比重增速放缓的发展时期，中国服务业增加值占 GDP 比重的起点要明显低于工业发达国家。大多数工业发达国家在人均 GDP 达到 10000 美元时，服务业增加值占 GDP 的比重在 50% ~60%，中国到基本实现工业化时，服务业的比重应该达到这一水平。

表 3 - 4　中国服务业增加值占 GDP 的比重与主要工业化国家、
新兴工业化国家和世界平均水平的比较

单位：%

年　份	1960	1970	1980	1990	2000	2005	2010	2011
中国	32.80	24.29	21.60	31.54	39.02	40.51	43.19	43.35
美国		61.22	63.57	70.05	75.37	76.60	78.78	—
日本		51.34	57.89	60.39	67.38	70.73	71.46	—
德国		48.24	56.54	61.17	68.23	69.73	71.21	—
韩国		44.72	47.28	49.49	57.31	58.96	58.54	58.11
高收入国家		55.68	59.59	64.94	70.74	72.71	74.49	—
中等收入国家		41.27	41.12	45.78	53.20	52.56	54.49	54.74
中低收入国家		41.27	41.18	45.71	52.96	52.44	54.35	54.61
世界平均		53.44	56.74	61.70	67.70	69.23	70.86	

资料来源：世界银行数据库（http://data.worldbank.org）。

"十二五"规划纲要提出了"服务业增加值占 GDP 比重提高 4 个百分点"的目标，那么到 2015 年，服务业增加值占 GDP 的比重将达到 45% 左右。"十三五"期间，随着服务业相对于工业的增长速度的提高，预计到 2020 年，服务业增加值占 GDP 的比重将达到甚至略为超过 50% 的水平。这一水平与工业发达国家和新兴工业化国家实现工业化时的服务业比重基本一致。

2. 人口城镇化率

钱纳里等人运用"多国模型"进行测算的结果表明，城市人口比重与人均收入之间具有较高的正相关性，但各国的异质性程度也比较高。根据钱纳里等人的研究，在人均收入超过 500 美元（1964 年美元）时，城市人口开始在总人口中占主导地位，直到城市人口达到总人口的 80% 左右时趋于稳定。同时，在工业化初期，城市化进程与工业化进程的差距不大，甚至落后于工业化进程，但随着工业化的推进，城市化的速度将超过工业化，这是各国城市化与工业化发展的一般规律。

在 20 世纪 90 年代，中国城市化的水平还低于世界平均水平，不到工业发达国家的一半。2000 年以后，中国城市化进程步伐明显加快，"十五"期间提高了 6.64 个百分点，"十一五"期间再提高 6.7 个百分点，到 2010 年已经接近世界平均水平（见表 3-5）。中国在"十二五"规划中提出人口城镇化率提高 4 个百分点的目标，并将通过各种途径加快推动城市化的进程。作为全世界人口数量最多的国家，同时也是城乡差距最大的国家之一，中国的城市化具有特殊性。

表 3-5　中国人口城镇化率与主要工业化国家、新兴工业化国家和世界平均水平的比较

单位：%

年　份	1960	1970	1980	1990	1995	2000	2005	2010	2011
中国	16.20	17.40	19.36	26.44	30.96	35.88	42.52	49.22	50.50
美国	70.00	73.60	73.74	75.30	77.25	79.09	80.73	82.14	82.38
日本	63.27	71.88	76.18	77.34	78.02	78.65	85.98	90.54	91.14
德国	71.38	72.27	72.84	73.12	73.29	73.07	73.36	73.82	73.94
韩国	71.38	72.27	72.84	73.12	73.29	73.07	73.36	73.82	83.20
高收入国家	63.70	68.78	71.77	74.10	75.38	76.53	78.60	80.23	80.49
中等收入国家	25.31	28.82	32.65	37.88	40.33	42.92	45.94	48.99	49.59
中低收入国家	23.82	27.31	31.10	35.95	38.20	40.54	43.26	46.02	46.56
世界平均	33.47	36.54	39.32	42.88	44.70	46.61	49.06	51.52	51.99

资料来源：世界银行数据库（http://data.worldbank.org）。

进入工业化的后期，中国城市化的步伐将加快，城市化落后于工业化的情况将会得到改变。预计到 2020 年，中国人口城镇化率将达到 60% 以上。同时，城乡收入绝对差距不断扩大的趋势将得到扭转，农村居民收入的增长将超过城市居民收入的增长。工业发达国家和新兴工业化国家在实现工业化时，城镇人口占全部人口的比重在 70% 左右。受制于特殊的国情，中国在 2020 年基本实现工业化时人口城镇化率要达到接近 70% 的水平困难较大，城市化的发展仍将

明显滞后于工业发达国家和新兴工业化国家。

3. 第一产业就业比重

改革开放以来，中国第一产业就业比重逐步下降，从改革开放初接近 70% 下降至目前的 1/3 左右。从发达国家的情况看，在基本实现工业化时，第一产业的就业比重大多下降到 10% 左右的水平，韩国在 2000 年以后第一产业的就业比重也逐步下降到 10% 以下。2010 年，中国第一产业就业比重为 36.70%。从变化情况看，改革开放第一个 10 年第一产业就业比重下降了不到 10 个百分点，第二个 10 年下降了 10 个百分点，第三个 10 年下降超过 10 个百分点，这与三次产业结构和人口城镇化的变化趋势是基本一致的（见表 3 - 6）。可以预计，在 2011 ~ 2020 年期间，第一产业就业比重下降的速度将超过 2001 ~ 2010 年的平均速度。但是，考虑到中国经济的二元结构在短期内无法消除，农村经济的发展环境逐步优化以及中国政府对粮食安全的考虑，中国第一产业就业比重在基本实现工业化时很难下降到 10% 以下的水平。

表 3 - 6 中国第一产业就业比重与工业发达国家、新兴工业化国家和世界平均水平的比较

单位：%

年 份	1980	1985	1990	1995	2000	2005	2010
中 国	68.70	62.40	60.10	52.20	50.00	44.80	36.70
美 国	3.60	3.10	2.90	2.90	2.60	1.60	1.60
德 国				3.20	2.60	2.40	1.60
日 本	10.40	8.80	7.20	5.70	5.10	4.40	3.70
韩 国	34.00	24.90	17.90	12.40	10.60	7.90	6.60
世界平均					37.93	35.06	30.40

资料来源：世界银行数据库（http://data.worldbank.org）。

随着中国产业结构和人口空间结构的变化，第一产业占国民经济的比重还将不断下降，城镇人口的比重将继续上升，这都将进一

步促进就业人口从第一产业转向第二产业和第三产业。按照改革开放以来第一产业就业比重下降的速度和趋势，结合工业化国家和新兴工业化国家在基本实现工业化时的情况，预计到 2020 年中国基本实现工业化时，第一产业就业比重将会下降到20%以下。

（三）技术进步标志指标的水平

1. R&D 经费支出占 GDP 比重

1996～2009 年，中国 R&D 经费支出占 GDP 的比重提高了1.13个百分点，上升速度较快，但是，与工业发达国家相比仍然有显著的差距。根据世界银行的统计，2009 年，高收入国家 R&D 经费支出占 GDP 的比重为 2.53%，OECD 国家为 2.5%，世界平均水平也有2.21%，中国目前的比重还低于世界平均水平，仅高于中等收入国家的平均水平（见表 3 – 7）。2006 年中国提出要在 2020 年建成创新型国家，使科技发展成为经济社会发展的有力支撑，其中 R&D 经费支出占 GDP 的比重要达到 2.5% 的水平。

表 3 – 7　中国 R&D 经费支出占 GDP 的比重与主要工业化国家、新兴工业化国家的比较

单位：%

年　份	1961	1970	1980	1990	1996	2000	2005	2010*
中　国	—	—	—	0.71	0.57	0.90	1.32	1.70
美　国	2.70	2.57	2.28	2.63	2.55	2.71	2.59	2.90
日　本	1.40	1.80	2.14	3.00	2.77	3.00	3.31	3.36
德　国	1.10	2.09	2.41	2.72	2.20	2.47	2.51	2.82
韩　国					2.42	2.30	2.79	3.56
世界平均					2.01	2.13	2.04	2.21
高收入国家					2.51	2.41	2.32	2.53
中等收入国家					0.56	0.66	0.86	1.17
OECD 平均					2.21	2.37	2.29	2.50

注：" * "除德国、韩国外，均为 2009 年的数据。

资料来源：根据世界银行数据库（http://data.worldbank.org）和相关研究整理。

预计到 2020 年，中国 R&D 经费支出占 GDP 的比重将达到 2.5% 以上，与工业发达国家和新兴工业化国家在实现工业化时的水平基本相当，略微超过当时世界平均水平，达到高收入国家和 OECD 国家 2010 年的水平，与工业发达国家和新兴工业化国家的差距缩小到 1 个百分点以内。

2. 每百人互联网用户数

中国的信息化始于 20 世纪 90 年代末期，经过 10 余年的发展取得了显著的成绩。目前中国的互联网宽带接入用户超过 1.7 亿户，移动互联网用户达到 4.5 亿户，是全世界最大的互联网用户群。2010 年，中国每百人互联网用户数达到 34 户，是 2005 年的 4 倍、2000 年的 19 倍，超过了世界平均水平（见表 3 - 8）。但与世界先进水平相比，中国的差距还很大，每百人互联网用户数还不到工业发达国家和新兴工业化国家的一半。

表 3 - 8　中国每百人互联网用户与主要工业化国家、新兴工业化国家的比较

单位：户

年　份	1990	1995	2000	2005	2010
中　国	0.00	0.00	1.78	8.52	34.30
美　国	0.78	9.24	43.08	67.97	74.00
日　本	0.02	1.59	29.99	66.92	78.21
德　国	0.13	1.84	30.22	68.71	82.00
韩　国	0.02	0.82	44.70	73.50	83.70
高收入国家	0.27	3.72	30.96	59.29	73.08
OECD 国家	0.25	3.35	27.97	54.24	67.96
世界平均	0.05	0.78	6.75	15.77	29.39

资料来源：世界银行数据库（http：//data. worldbank. org）。

2006 年，中国颁布了《2006～2020 年国家信息化发展战略》，提出到 2020 年要实现信息产业结构全面优化、国家信息安全保障水平大幅提高、新型工业化发展模式初步确立、国民信息技术应用能力显著提高等战略目标。预计到 2020 年，中国主要的信息化指标将有显著提

升：信息化普及方面，每百人互联网用户数较 2010 年翻一番，超过 70 户，达到工业发达国家和新兴工业化国家 2005 年的水平。由于信息革命始于 20 世纪 80 年代，且信息革命的全球扩散速度明显快于第一次和第二次工业革命，中国在基本实现工业化时，这一指标的水平必然会高于工业发达国家和新兴工业化国家实现工业化时的水平。

（四）生态建设标志指标的水平

1. 人均二氧化碳排放量

随着工业化的推进，以及人均工业品消费量的增长，主要污染物排放量必然在相当长一段时期内呈上升趋势。改革开放以来，中国人均二氧化碳排放量的增长速度加快，2009 年为 5.77 吨，约为 1980 年的 4 倍，超过世界平均水平，约为中低收入国家平均水平的 2 倍。"十一五"时期以来，中国开始加强工业生产的节能减排工作，通过设备革新和技术进步，工业生产能耗得到控制。同时，中国用于个人消费的能源消耗是比较少的，1990～2010 年，全国能源消费总量提高了 2 倍多，而生活消费能源只提高了 1 倍多，对应的二氧化碳排放量比重也比较低（见表 3 – 9）。虽然 2000 年以后生活消费能源增长较快，但预计到 2020 年，生活消费能源占能源消费总量的比重不会有太大幅度的提高。

表 3 – 9　中国人均二氧化碳排放量与主要工业化国家、新兴工业化国家的比较

单位：吨

年　份	1960	1970	1980	1990	2000	2009
中　国	1.17	0.94	1.50	2.17	2.70	5.77
美　国	16.00	21.11	20.78	19.55	20.25	17.28
日　本	2.52	7.37	8.56	8.86	9.61	8.63
德　国				11.63 *	10.12	8.97
韩　国	0.50	1.68	3.52	5.76	9.52	10.36

续表

年 份	1960	1970	1980	1990	2000	2009
高收入国家	7.62	11.21	12.16	11.79	12.48	11.36
中等收入国家	1.15	1.35	1.94	2.39	2.44	3.53
中低收入国家	1.05	1.23	1.76	2.14	2.16	3.09
世界平均	3.09	4.01	4.36	4.21	4.06	4.70

注:"＊"为 1991 年数据。

资料来源:世界银行数据库(http://data.worldbank.org)。

综合考虑工业化时期污染物排放量变化的一般规律以及中国的具体国情,预计到 2020 年中国基本实现工业化,人均污染物排放量不会超过工业发达国家在相同阶段的水平,人均二氧化碳排放量将控制在 10 吨以内,与日本、韩国、德国等国家 2010 年的水平相当。由于人均二氧化碳排放量受一国产业结构和消费习惯的影响较大,同时也会受到全球对环境保护重视程度不断增强的作用,各国在不同时期实现工业化时的人均二氧化碳排放量会呈现较大差距。中国在 2020 年的人均二氧化碳排放量将低于美国实现工业化时的水平,与德国实现工业化时的水平基本相当,但高于日本和韩国实现工业化时的水平。

2. 环境污染治理投资占财政支出的比重

2011 年,中国环境污染治理投资额为 6592.8 亿元,占国家财政支出的比重为 6.03%。从变化情况看,中国的环境污染治理投资额逐年提高,2011 年是 2000 年的 6.5 倍(见表 3 - 10)。与工业发达国家比较,中国的工业化是在全球环境遭到严重破坏,资源能源出现枯竭迹象的背景下推进的,理应对污染排放的控制和环境治理有更高的要求。因此,在由工业化后期向基本实现工业化的迈进过程中,中国环境污染治理投资额的增长速度不应低于 GDP 和财政支出的增长速度,即环境污染治理投资占财政支出的比重应有所提高。

表 3 – 10　中国环境污染治理投资额及其占财政支出的比重

单位：亿元，%

年　份	2000	2001	2002	2003	2004	2005	2006	2007	2008	2009	2010	2011
环境污染治理投资额	1015	1107	1367	1628	1910	2388	2566	3387	4490	4525	6654	6593
占财政支出比重	6.39	5.85	6.20	6.60	6.70	7.04	6.35	6.80	7.17	5.93	7.40	6.03

资料来源：中国国家统计局。

预计到 2020 年，中国的环境污染治理投资额将超过 3 万亿元，占国家财政支出的比重达到 6.5% ~ 7.0%。中国在推进工业化进程中已经面临非常严峻的环境污染和资源约束问题，对环境的保护和治理是与经济建设同步推进的，这与工业发达国家"先污染，后治理"的工业化路径存在根本区别，因此对环境污染治理的投资强度应高于工业发达国家在工业化同期阶段时的水平。

（五）国际经济联系标志指标的水平

1. 工业制成品出口额占全球出口总额比重

在改革开放之初的 1980 年，中国工业制成品出口额不足世界出口总额的 1%，到 2010 年，这一比重已经提高到 14.76%，先后超过美本、日国、德国等工业发达国家，成为全球工业制成品出口第一大国。分产品看，中国在办公和电信设备、电子数据处理和办公设备、通信设备、纺织品、服装等产品上的竞争优势非常明显，具有相对劣势的产品是化学品、医药品和汽车等产品（见表 3 – 11）。

目前，中国工业制成品在国际市场上的比重已经非常高，这引起了很多进口国的不满，从 2000 年开始，中国很多出口行业都遭遇到贸易伙伴设置的壁垒。同时，中国正在大力促进内需市场释放，未来新增工业产能将更多地用于满足国内投资需求和消费需求的增长。因此，未来中国工业制成品在国际市场上的比重难以再有较大幅度的提高，工业国际竞争力的增强应主要通过出口结构的优化来实现。

表 3 - 11　中国主要产品出口占全球出口贸易量的比重与主要工业化国家、新兴工业化国家的比较

单位:%

国家 年份	中国					美国					日本					德国					韩国				
产品	1980	1990	2000	2005	2010	1980	1990	2000	2005	2010	1980	1990	2000	2005	2010	1980	1990	2000	2005	2010	1980	1990	2000	2005	2010
农产品	1.47	2.43	2.97	3.37	3.78	16.99	14.32	12.96	9.70	10.43	0.98	0.80	0.80	0.71	0.74	4.20	5.94	5.31	6.31	5.87	0.52	0.72	0.78	0.62	0.68
食品	1.40	2.49	3.14	3.60	3.93	17.61	13.44	12.60	9.01	9.99	0.76	0.54	0.50	0.43	0.42	4.54	6.32	5.76	6.58	6.07	0.58	0.69	0.62	0.44	0.44
燃料和矿产品合计	0.89	1.34	1.46	1.73	1.60	3.42	4.92	3.26	2.79	4.26	0.46	0.79	0.87	0.82	1.10	2.44	3.28	2.42	2.58	2.17	0.04	0.25	1.35	1.14	1.41
燃料	—	1.41	1.19	1.22	1.15	—	3.40	2.03	1.82	3.48	—	0.35	0.23	0.31	0.56	—	0.00	0.96	1.49	1.16	—	0.19	1.42	1.08	1.40
工业制成品合计	0.80	1.85	4.69	9.60	14.76	13.02	12.15	13.83	10.05	8.70	11.23	11.51	9.58	7.49	6.80	14.84	15.71	10.30	11.57	10.83	1.43	2.53	3.30	3.54	4.11
铁和钢	0.31	1.21	3.06	6.09	9.31	4.22	3.30	4.41	3.63	4.04	20.14	11.84	10.35	8.68	9.87	15.05	15.09	9.72	8.86	7.59	2.15	3.41	4.66	4.53	5.75
化学品	0.80	1.27	2.06	3.24	5.10	14.75	13.33	14.08	10.85	10.99	4.67	5.33	6.00	4.76	4.57	17.24	17.92	11.86	11.87	11.63	0.53	0.85	2.35	2.51	2.85
医药品	—	—	1.65	1.37	2.31	—	—	12.08	9.43	9.59	—	—	2.51	1.21	0.93	—	—	12.66	13.89	14.27	—	—	0.31	0.18	0.26
机械和运输设备	0.16	0.89	3.14	9.17	15.32	16.44	15.05	15.65	11.29	8.81	14.50	16.72	12.52	9.92	8.98	16.32	17.24	11.04	12.97	11.86	0.68	2.11	3.81	4.52	5.18
办公和电信设备	0.08	1.05	4.51	17.77	27.85	19.45	17.30	15.89	9.88	8.34	21.12	22.45	11.21	7.70	5.74	9.95	7.51	4.93	5.91	4.39	1.99	4.80	6.08	6.53	5.99
电子数据处理和办公设备	—	—	5.02	23.68	37.73	—	—	15.51	10.03	8.39	—	—	9.48	5.22	3.80	—	—	4.64	6.13	5.03	—	—	5.29	3.80	2.72
通信设备	—	—	6.81	20.65	30.94	—	—	11.51	6.65	7.06	—	—	10.65	7.33	4.19	—	—	5.98	6.56	6.59	—	—	5.01	8.22	6.59
集成电路和电子元件	—	—	1.74	5.92	12.98	—	—	20.45	14.00	9.82	—	—	13.82	11.58	9.78	—	—	4.31	4.75	4.39	—	—	8.04	7.98	8.94
汽车	0.05	0.08	0.27	1.08	2.56	11.89	10.20	11.65	9.33	9.08	19.80	20.75	15.28	13.34	13.64	21.03	21.93	17.47	18.63	18.54	0.09	0.72	2.64	4.10	4.97
纺织品	4.62	6.92	10.42	20.27	30.56	6.83	4.83	7.07	6.11	4.83	9.32	5.63	4.53	3.41	2.82	11.45	13.45	7.01	6.70	5.63	4.02	5.82	8.21	5.13	4.36
服装	4.00	8.94	18.23	26.68	36.94	3.11	2.37	4.36	1.80	1.33	1.20	0.53	0.27	0.18	0.15	7.10	7.29	3.70	4.46	4.92	7.27	7.29	2.54	0.93	0.46

资料来源:根据 WTO Statistical data (http://stat.wto.org/) 数据计算。

未来中国在工业制成品国际贸易中将保持领先地位，工业制成品出口额占全球出口总额的比重将保持缓慢但稳定的增长，预计到 2020 年将达到 17% ~ 18%。医药品、装备、电子设备、电子元件、汽车等产品的出口将实现加速增长。从全球贸易的历史看，只有英国在"日不落帝国"时期对全球工业品市场的占有率超过目前的中国。中国在 2020 年基本实现工业化时，工业制成品出口额占全球出口总额的比重将高于绝大多数工业发达国家和新兴工业化国家。

2. 人均对外直接投资额

改革开放以来，中国融入世界经济的步伐加快、程度加深，无论是外商投资金额还是对外投资金额都逐年提高。2010 年，中国对外直接投资额达到 688.11 亿美元，超过当年日本、韩国的对外直接投资额，是 2000 年的 75 倍，对外直接投资存量达到 3172 亿美元。但是从人均水平看，中国融入世界经济的深度还非常不足，2010 年中国人均对外直接投资额仅为 51.44 美元，相当于世界平均水平的 24.44%（见表 3 - 12）。

表 3 - 12　中国对外直接投资与主要工业化国家、新兴工业化国家的比较

单位：美元/人

年　份	1970	1980	1990	2000	2010
中　国	—	—	0.73	0.73	51.44
美　国	37.02	84.63	124.12	505.47	984.00
日　本	3.40	20.42	411.01	248.73	441.45
德　国	13.69	60.02	305.10	687.95	1336.82
韩　国	—	0.68	24.54	90.05	471.12
世界平均	3.83	11.60	45.60	200.49	210.51

注：按当年价格和当年汇率计算；德国的数据中 1970 年和 1980 年为德意志联邦共和国数据。

资料来源：根据联合国贸易和发展会议数据库（http://unctadstat.unctad.org）和世界银行数据（http://data.worldbank.org）计算。

　　预计到 2020 年，中国的对外直接投资金额将较 2010 年增长 2 倍，达到 2000 亿美元以上，届时成为全球第二大对外投资国，人均对外直接投资额将达到 150 美元。虽然中国是目前对外直接投资增长最快的国家，150 美元的人均对外直接投资额也超过了工业发达国家和新兴工业化国家实现工业化时的水平，但是必须认识到，这是按照当年价格和当年汇率计算的结果，如果按照不变价格计算，中国在基本实现工业化时的人均对外直接投资额不会超过工业发达国家和新兴工业化国家在实现工业化时的水平。

三　评价结论

　　以上我们构建了对中国在 2020 年基本实现工业化进行判断的"五大标志 + 十大指标"评价体系，所提出的各个指标应该达到的标准既参照了工业发达国家和新兴工业化国家在实现工业化时的发展水平，同时也结合了中国的具体国情以及当前发展状况和未来发展趋势的要求。根据这些标准对到 2020 年我国十大指标进行分析预测的结果如下。

　　服务业增加值占 GDP 比重、R&D 经费支出占 GDP 比重、人均二氧化碳排放量和人均对外直接投资额等指标将与工业发达国家和新兴工业化国家实现工业化时的水平基本相当，属于同步指标。

　　人均 GDP、人口城镇化率指标和第一产业就业比重与工业发达国家和新兴工业化国家实现工业化时的水平存在一定差距，属于滞后指标。

　　每百人互联网用户数、环境污染治理投资占财政支出的比重、工业制成品出口额占全球出口总额比重等指标将超过工业发

达国家和新兴工业化国家实现工业化时的水平，属于超前指标
（见表 3 – 13）。

表 3 – 13　对 2020 年中国基本实现工业化时主要标志指标的分析预测结果

主要标志	对应指标	应达到水平	与工业发达国家和新兴工业化国家的比较
经济发展标志	人均 GDP	10000 美元	滞后
结构变动标志	服务业增加值占 GDP 比重	50%	同步
	人口城镇化率	60%	滞后
	第一产业就业比重	<20%	滞后
技术进步标志	R&D 经费支出占 GDP 比重	>2.5%	同步
	每百人互联网用户数	70 人	超前
生态建设标志	人均二氧化碳排放量	10 吨	同步
	环境污染治理投资占财政支出的比重	6.5% ~ 7.0%	超前
国际经济联系标志	工业制成品出口额占全球出口总额比重	17% ~ 18%	超前
	人均对外直接投资额	150 美元	同步

第四章　我国基本实现工业化的战略选择

　　我国要在 2020 年基本实现工业化，既要遵循世界工业化的普遍规律和要求，更要遵循中国自己的发展规律与特点，坚定不移地走中国特色新型工业化道路。党的十六大提出了这一道路，指出这是一条科技含量高、经济效益好、资源消耗低、环境污染少、人力资源优势得到充分发挥的新型工业化路子。党的十七大和十八大进一步强调必须坚定不移地走新型工业化道路。改变传统工业发展方式，走新型工业化道路，打造中国经济升级版，向 2020 年基本实现工业化目标前进，推动我国由工业大国向工业强国转变，必须切实推进多项重要的工业化战略，其中主要的是：工业结构优化调整战略，企业自主创新能力提高战略，战略性新兴产业发展战略；工业人力资本要素全面提升战略，工业绿色低碳节能发展战略，工业经济外贸发展方式转变战略，工业化、城镇化、信息化和农业现代化同步发展战略，前提是，毫不动摇地坚持改革，按照使市场在资源配置中起决定性作用和更好发挥政府作用的要求，全面完善社会主义市场经济体制，深化行政管理体制改革，深化工业管理体制改革。

一 工业结构调整优化战略

（一）工业结构调整的成就、问题与形势

1. 发展成就

进入新世纪以来，我国新型工业化进程取得重大进展。工业保持持续快速增长，工业增加值的年均增速在12%左右，工业投资年均增速在20%以上，工业企业利润年均增速在25%以上。工业的产业与行业结构不断优化，重点产业调整取得重大进展，重点行业产业集中度明显提高，中西部工业比重提高。技术创新能力不断增强，企业发明专利申请数量与质量明显提升，机械工业主要产品中40%以上质量接近或达到国际先进水平。节能减排和安全生产取得积极成效，企业单位工业增加值耗能和用水量、化学需氧量及二氧化硫排放总量明显下降。中小企业发展和产业集聚水平不断提高，中小企业发展的外部环境明显改善，社会化服务体系建设取得积极进展。

2. 主要问题

工业发展方式仍较为粗放，自主创新能力不强，关键核心技术和装备主要依赖进口，中低端工业产品比重过大；部分"两高一资"行业产能过剩问题突出；规模经济行业产业集中度偏低，缺少具有国际竞争力的大企业和国际知名品牌；产业空间布局与资源分布不协调；一般加工工业和资源密集型产业比重过大，高端制造业和生产性服务业发展滞后；部分行业垄断问题突出，一些重要产业集聚和集群发展水平不高；中小企业总体素质不高，发展活力有待增强；劳动力整体技能素质不高，职业教育与培训落后；工业管理体制改

革滞后于工业发展变化的趋势要求。

3. 面临形势

从目前到 2020 年前，我国工业发展的内外部环境将发生深刻变化。从国际看，工业发展国际环境更趋复杂，全球需求结构出现明显变化，市场与资源竞争更趋激烈，能源资源、气候变化等全球性问题错综复杂，对我国工业转型升级形成新的压力。科技创新和新兴产业发展孕育新突破。发达国家纷纷推行"制造业再造"，全球化生产方式变革加快。随着信息技术与先进制造技术的深度融合，柔性制造、虚拟制造等日益成为世界先进制造业发展的重要方向。跨国公司充分利用全球化的生产和组织模式，以核心技术和专业服务掌控着全球价值链的高端环节，我国工业企业提升国际产业分工地位的任务十分艰巨。从国内看，传统工业发展模式面临诸多严峻挑战，工业转型升级势在必行。城镇化进程和居民消费结构升级为工业转型升级提供了广阔空间，但劳动力、土地、燃料动力等价格持续上升，生产要素成本压力加大，转型升级的约束相应增多。信息化、市场化与国际化持续深入发展为工业转型升级提供了重要契机，但我国信息化和国际化水平与发达国家相比仍有较大差距。能源资源和生态环境约束更趋强化，能源资源刚性需求持续上升，生态环境约束进一步加剧，对加快转变工业发展方式形成了"倒逼机制"。必须积极创造条件，解决突出矛盾和问题，调整优化工业结构，加快实现由传统工业化向新型工业化道路的转变。

（二）工业结构调整优化的主要方向与重点任务

针对我国工业结构面临的问题，我国工业结构调整优化的主要方向与任务是调整优化六大结构：产业结构、技术结构、产品结构、地区结构、企业组织结构和所有制结构。

1. 调整优化工业产业结构

中国工业，按统计行业类别（统计大二类）划分为 41 个产业，产业类别非常齐全，并已形成完整体系。中国有近半产业的生产能力与产出规模均居世界第一位，部分产业的生产能力与规模占世界的 1/3～1/2。

调整与优化产业结构，最重要的是明确重点产业领域的发展导向，主要是：大力发展先进装备制造业，重点发展关键基础零部件及基础制造装备、重大智能制造装备、节能和新能源汽车、铁路河流海洋运输装备、民用飞机与民用航天、节能环保装备等；着力调整优化能源与原材料工业，重点调整优化钢铁工业、有色金属工业、石油化学工业、建材工业和新材料产业等；努力改造提升消费品工业，重点改造升级轻工业、纺织工业、食品工业、医药工业等；大力增强电子信息产业的核心竞争力，重点发展基础电子、计算机、通信设备及终端、数字视听、软件业，着力推进物联网发展；提高国防科技工业的现代化水平，促进军民融合式发展，提升武器装备研发与制造水平，确保国防安全需要。要将这些产业中已经做大的产业进一步做强，比较粗放的产业做精做好，增强重点产业的国际竞争力，推动中国由制造业大国转变为制造业强国。在推进重点产业发展的同时，要下决心解决部分产业产能严重过剩的问题。重点解决钢铁、焦炭、有色金属、水泥、平板玻璃等行业的产能过剩问题。要以经济手段为主、法律手段为基、行政手段为助，充分发挥市场机制作用，真正形成有利于落后产能退出的市场环境与长效机制。要通过强化安全、环保、能耗、质量、土地等指标的硬约束，完善落后产能界定标准，严格市场准入条件，减少新增落后产能。

2. 调整优化工业技术结构

中国的工业技术与装备水平居世界中等水平,部分技术与装备已经居世界领先地位。到 2010 年,依托工业企业设立了 127 个国家工程研究中心、729 个国家级企业技术中心和 5532 个省级企业技术中心,企业发明专利申请数已占国内发明专利申请总数的 53%。

调整与优化技术结构,最根本的是全面增强企业自主创新能力,大力推进企业技术改造,普遍提高工业企业技术与装备水平。一是支持企业真正成为技术创新的主体,鼓励企业扩大技术投入,提高研发投入比重,增强创新能力。引导重点企业紧紧跟随新技术革命步伐,大力推进重点企业原始创新、集成创新和引进消化吸收再创新。支持重点行业、重点领域的重大技术改造项目,鼓励中小企业加强技术改造。二是健全产业创新体系,加快构建以企业为主体、产学研结合的技术创新体系,整合相关资源,建立一批由企业、科研院所和高校共同参与的产业创新战略联盟,联合攻克共性及关键核心技术。三是实施知识产权战略。建立重点产业知识产权评议机制、预警机制和公共服务平台,完善知识产权转移交易体系,大力培育知识产权服务业。完善工业技术标准体系,加快制定战略性新兴产业重大技术标准。支持基于自有知识产权的标准研发、评估和试验验证,促进更多的技术标准成为国际标准,增强我国在国际标准领域的影响力和话语权。

3. 调整优化工业产品结构

中国的工业产品品种繁多、门类齐全、规模庞大、竞争力强、发展潜力大。中国有 200 多种重要工业产品,其生产能力、产量规模、出口规模均居世界第一。

调整与优化产品结构,必须以开发品种、提升质量、创建品牌、改善服务、提高效益为重点，大力实施质量和品牌战略，引领和创造市场需求，不断提高工业产品的附加值和竞争力。一是全面提高工业品质量，健全技术标准，优化产品设计，完善检验检测，强化企业质量主体责任，推广先进质量管理方法和质量管理体系认证，推动企业建立全员、全方位、全生命周期的质量管理体系。二是提高工业品的内在品质、附加价值和水平档次，高中低档产品协调发展，高档产品要达到或超过国际先进标准水平，中档产品要适应普通百姓提高生活质量的基本需要，低档产品要符合最起码的质量、卫生与安全要求。三是大力培育民族精品品牌与国际知名品牌，鼓励企业制定品牌发展战略，形成具有知识产权的名牌产品，建立品牌评价机制，推动重点行业加强品牌评价与动态监测。紧跟世界最新产品发展方向，创建具有国际影响力的世界级品牌，提高重点产品的国际竞争力与影响力。四是加强工业产品质量安全保障。健全产品安全法规和标准体系，有序推进企业质量诚信体系建设和评价工作，建立工业产品质量监测预警制度和企业质量诚信管理体系。推进工业企业的社会责任体系建设，建立重点企业社会责任信息披露制度。

4. 调整优化工业地区结构

2012 年，中国西部 12 省区市和东北 3 省以工业主为的第二产业分别占全国的 20.1% 和 9.1%，与 20 世纪相比，比重明显提高，工业地区布局结构得到改善。中国各个地区的工业化进程均获得长足进展，长三角、珠三角、环渤海等地区已经进入工业化后期或后工业化时期，成为世界工业的主要发展区域；中部与西部地区的工业正在崛起，大都进入工业化中后期。

调整与优化地区结构，关键是充分发挥区域工业经济比较优势，促进区域工业协调发展，缩小地区间的过大差别。一是调整优化工业生产力布局，协调推进中、东、西部地区的工业化进程。按照国家的主体功能区规划和重大生产力布局规划的要求，引导产业向适宜开发的区域集聚。综合考虑区域消费市场、运输半径、资源禀赋、环境容量等因素，合理调整和优化工业布局。协调地方工业经济发展战略，减少地区产业结构雷同趋势，协调以资源性工业为主地区与以加工制造为主地区的发展。能源和矿产资源的重大项目，优先在中西部资源富集地布局；利用进口资源的重大项目，优先在沿海沿江地区布局。二是推进工业产业、产品、技术在地区间的有序转移，鼓励东部沿海省市在区域内有序推进产业转移，支持中、西部地区以现有工业园区和各类产业基地为依托，加强配套能力建设，进一步增强承接产业转移的能力。结合淘汰落后产能，强化产业转移中的环境和安全监管，严格禁止落后生产能力异地转移。三是推动产业的区域集聚发展。大力发展与规范引导各类工业园区，促进各类产业集聚区规范有序发展。按照新型工业化要求，建立一批国家新型工业化产业示范基地，发展若干具有较强国际竞争力的产业基地。发挥县域资源优势和比较优势，支持劳动密集型产业、农产品加工业向县城和中心镇集聚，形成城乡分工合理的产业发展格局。

5. 调整优化工业企业组织结构

2012 年，我国规模以上工业企业共 33.34 万家，大型、中型和小型企业分别占 2.64%、15.1% 和 82.3%；资产总额 74.49 万亿元，大型、中型、小型企业分别占 48.48%、22.63% 和 28.9%；主营业务收入 91.59 万亿元，大型、中型、小型企业分别占 40.35%、22.70% 和 38.13%；利润总额 5.56 万亿元，大型、中型、小型企业分别占 38.93%、24.94% 和 37.07%；从业人员 9273 万人，大型、中型、小型企业分别占 33.9%、29.41% 和 37.9%。另外，我国还有 100 多万家规模以下小型工业企业。

调整优化工业企业组织结构，要遵循市场竞争、规模经济、专业分工、产业配套的原则，提高产业集中度，形成以产业链为纽带，骨干企业为龙头，大型、中型、小型企业协作配套，产业链上下游企业共同发展的局面。一是大企业做强做大，提高核心竞争力。要推进企业兼并重组，发展一批核心竞争力强的大企业、大集团。充分发挥市场机制作用，推动优势企业强强联合、跨地区兼并重组，促进规模化、集约化经营，提高产业集中度。要鼓励企业在研发设计、生产制造、品牌经营、专业服务、系统集成、产业链整合等方面形成核心竞争力，形成一批具有核心竞争优势的大企业、大集团。争取到 2020 年，中国进入世界 500 强企业数量接近美国。要推动行业骨干、重点企业实施"走出去"战略，充分利用"两个市场、两种资源"开展境外并购和投资合作。鼓励国内技术成熟、国际市场需求大的行业，向境外转移部分生产能力。鼓励有实力企业开展境外油气、铁矿、铀矿、铜矿、铝土矿等重要能源资源的开发与合作，建立长期稳定的多元化、多渠道资源安全供应体系。鼓励实力强、资本雄厚的大型企业开展成套工程项目承包、跨国并购、绿地投资和知识产权国际申请注册，建立境外营销网络和区域营销中心，在全球范围开展资源配置和价值链整合。二是中小企业做精做专，普遍提高内在素质。要引导和支持小企业专业化发展，支持成长性小企业做精做优，发展一批专业化企业。着力营造环境、改善服务，鼓励、支持和引导小企业进一步优化结构和转型成长，鼓励小企业进入战略性新兴产业和现代服务业领域。协助小企业制定技术创新战略，鼓励有实力的企业申报省级和国家级重点项目，并在科技专项资金上给予小企业特别照顾。三是大型、中型、小型企业广泛协作，着力发展产业集群。要引导大型企业与中型、小型企业通过专业分工、订单生产等多种方式广泛开展合作，提高协作配套水平。大力发展产业集群，提高中小企业集聚度，优化生产要素配置。

6. 调整优化工业所有制结构

2012 年，我国规模以上工业企业中的国有及国有控股企业、外商及港澳台投资企业和民营企业数量分别占 5.2%、17.3% 和 77.5%，资产总额分别占 41.07%、22.81% 和 36.12%，主营业务收入分别占 26.48%、24.10% 和 49.42%，利润总额分别占 25.48%、22.82% 和 51.7%，从业人员分别占 19.94%、22.91% 和 57.15%。另外，还有 100 多万家规模以下小型工业企业，其中 95% 以上为民营企业。规模以上民营工业企业是指除国有及国有控股企业和外商及港澳台投资企业之外的企业，主要由私营企业、集体企业和股份制企业中的非国有控股企业组成。

调整优化工业企业所有制结构，必须坚持公有制为主体、多种所有制经济共同发展的基本经济制度，营造各种所有制经济依法平等使用生产要素、公平参与市场竞争、同等受到法律保护的体制环境。一是深化国有资产管理体制改革。以管资本为主加强国有资产监管，改革国有资本授权经营体制。国有资本投资运营要服务于国家战略目标，更多地投向关系国家安全、国民经济命脉的重要行业和关键领域，重点提供公共服务、发展重要前瞻性战略性产业、保护生态环境、支持科技进步、保障国家安全。二是推动国有企业完善现代企业制度。真正实现政企分开，政府的社会管理职能与出资人职能分开，使国有企业真正成为独立经济法人实体，自主决策，自主经营，自负盈亏。国有企业要同市场经济相融合，要适应市场化、国际化新形势，以规范经营决策、资产保值增值、公平参与竞争、提高企业效率、增强企业活力、承担社会责任为重点，进一步深化国有企业改革。准确界定不同国有企业功能。国有资本继续控股经营的自然垄断行业，实行以政企分开、政资分开、特许经营、政府监管为主要内容的改革，根据不同行业特点实行网运分开、放开竞争性业务，推进公共资源配置市场化。进一步破除各种形式的行政垄断。三是大力支持和引导非公有制经济发展。坚持权利平等、机会平等、规则平等，废除对非公有制经济各种形式的不合理规定，消除各种隐性壁垒，制定非公有制企业进入特许经营领域具体办法。全面落实促进非公有制经济发展的政策措施。鼓励和引导民间资本平等进入法律法规未明文禁止准入的工业领域，特别是重要能源资源领域。鼓励非公有制企业参与国有企业改革，鼓励发展非公有资本控股的混合所有制企业。鼓励有条件的私营企业建立现代企业制度。四是全面提高利用外资水平。进一步放宽投资准入。统一内外资法律法规，保持外资政策稳定、透明、可预期。优化外商投资结构，引导外资更多投向高新技术、先进制造、节能环保、新能源等领域，鼓励投向中、西部地区。鼓励外资以参股、并购等方式参与境内企业兼并重组，促进外资股权投资和创业投资发展。优化外商投资软环境，保护境外投资者的合法权益。

（三）完善相关政策与制度保障

推进工业结构调整优化，促进工业转型升级，必须进一步完善政策法规体系，形成长效机制，为实现结构调整优化任务提供保障。

1. 健全法律法规

重点在科技创新、技术改造、节能减排、兼并重组、淘汰落后、质量安全等方面完善相关法律法规。

2. 完善产业政策体系

动态修订重点行业产业政策，制定产业转移指导目录，强化工业标准规范及准入条件，完善重点行业技术标准和技术规范，加强重点行业的准入与退出管理。

3. 加大财税支持力度

整合相关政策资源和资金渠道，加大对工业转型升级资金支持力度，完善重大装备的首台套政策，鼓励和支持重大装备出口，完善进口促进政策，扩大先进技术装备和关键零部件进口。稳步扩大中小企业发展专项资金规模，制定政府采购扶持中小企业的具体办法。

4. 改进工业金融服务

鼓励金融机构开发适应小型和微型企业、生产性服务企业需要的金融产品。支持企业利用资本市场开展兼并重组，加强企业兼并重组中的风险监控。

5. 健全节能减排约束与激励机制

完善节能减排、淘汰落后、质量安全、安全生产等方面的绩效评价和责任制。加强重点用能企业的节能管理，完善重点行业节能减排统计监测和考核体系。

6. 推进小微企业服务体系建设

在人大和政协设立小企业委员会，在国务院设立小企业管理局，改进和强化政府对小微企业管理。加强政府对小微企业的引导与服务，建立多层次的中小企业信用担保体系，加强对小型微型企业及员工的培训力度，提高企业经营管理水平和员工基本素质。

二 企业自主创新能力提高战略

(一) 企业自主创新能力提高的成就、问题与形势

1. 发展成就

自从十六届六中全会提出把增强自主创新能力作为国家战略以来，我国企业自主创新能力有了巨大的提高。

第一，自主创新基本条件已经较为完善。从研发支出看，2006年以来，中国全社会研发经费支出实现每年 20% 以上的增长，从 2006 年的 3000 亿元增长到 2012 年的 10240 亿元，占国内生产总值的比例从 1.42% 提升到 1.97%。从科技人力资源看，我国科技人力资源总量已达 3850 万人，研发人员总数达 109 万人，分别居世界第一位和第二位。2012 年，研发人员全时当量 327.3 万人年，1991 年仅有 67.1 万人年。从研发机构数量看，截至 2012 年，国家工程研究中心已达 130 家，国家工程技术研究中心已达 306 家，国家级企业技术中心已达 887 家，以企业为主体的产业共性技术创新体系初步形成。企业自主创新能力进一步提升，华为、中兴、中联重工等一批具有国际影响力的创新型企业迅速崛起。从专利申请看，1991年，我国专利申请受理量 5 万件，2012 年升至 205.06 万件。

第二，经过多年的自主研究开发和引进国外技术装备，产业技术水平有了较大提高，国内企业集成国内外技术资源的能力在提高。例如，京东方的夜景显示屏技术就来自于收购韩国现代集团下属HYDIS 公司 5 代线，但京东方没有停留于此，而是通过不断消化、吸收和自主创新，形成了自己的 TFT ~ LED 产品和工艺的开发能力

以及生产线建设能力。

第三，我国已经具备大规模制造能力和产业配套条件。大规模制造能力意味着巨额研发费用可以被有效分摊，使自主创新具有成本上的可行性，研发投资的回收更有保障。这是在技术成熟产业中从事核心技术研发的重要条件。目前，我国已有 100 多项重要的制造业产品的产量居全球第一，还有更多的产品生产已经达到了能承受巨额研发费用的规模。这就为我国诸多产业从制造环节向核心技术研发环节拓展创造了重要条件。

近年来，我国一些重要产业和产品的配套能力得到显著增强，有些已经达到或接近国际先进水平。一旦国内企业在核心技术上有突破，就有现成的产业链支撑其产业化和市场化过程。

2. 主要问题

总体上讲，我国整体创新能力不高，企业尚未真正成为技术创新的主体，缺乏创新的动力和机制。

第一，原始创新能力仍较薄弱。尽管我国各个产业的技术水平和自主创新能力有了不同程度的提高，个别产业在国际上也具备了一定的竞争力，但总体来看，产业自主创新能力仍然较弱，我国企业拥有的自主知识产权和自主品牌少，重大关键技术自给率低，核心技术缺乏，不少技术领域受制于人。根据联合国世界知识产权组织公布的数据，目前，我国年专利申请数已位居世界第 4，但发明专利数只排世界第 16 位。在 IT、通信、制药等高新技术产业领域，我国关键性的基本专利很少。在航空设备、精密仪器、医疗设备、工程机械等具有战略意义的高技术含量产品方面，80% 以上需要依赖进口。重大装备制造业中，70% 的数控机床、76% 的石油化工装备、80% 以上的集成电路芯片制造装备、100% 的光纤制造装备为国外产品所占领。"心脏病""近视眼""缺芯少屏"等形象的比喻就是对"中国制造"因关键技术、关键设备、核心零部件缺乏而大量依赖进口状况的写照。

第二，引进技术的消化、吸收、再创新程度仍有待提高。总体来看，我国企业普遍存在重技术引进、轻消化吸收再创新的问题，在消化引进吸收创新上投入过低。日、韩用在引进与消化创新上的投入比例为 1∶8，我国的这一比例长期在 1∶0.05 ~ 1∶0.07。由于对引进技术的消化吸收再创新能力不足，"以市场换技术"实施效果不佳，既丧失了大部分市场，又没有换来所需要的技术。

第三，科技成果产业化程度低。从我国科技成果转化情况看，科技成果转化为商品并取得规模效益的比例为 10% ~ 15%，远远低于发达国家 60% ~ 80% 的水平。近几年来我国研发经费和研发转化资金的比例在 1∶1 ~ 1∶1.5，远远低于 1∶10 的国际标准水平。同时，由于缺乏核心技术，我国多数产业处于国际产业价值链末端，企业高附加值产品很少，大量的生产企业利润极低，而跨国公司赚取了高额利润。

第四，知识产权保护不足。重视知识产权保护是工业革命和西方世界兴起的重要原因。然而，改革开放以来，我国知识产权保护不力，山寨文化盛行。一家企业实现某项技术成果的产业化后，很快就会被其他同行复制模仿。由于知识产权保护不力，创新企业无法获得应有的利润，甚至连成本都无法收回，企业陷入"不创新等死，创新找死"的困境。因此，山寨对企业创新的积极性造成了重大挫伤，而且山寨还可能造成严重的重复建设和产能过剩，使朝阳产业迅速转化为夕阳产业，如我国光伏电池、风电设备等所谓战略性新兴产业都出现了这样的状况。薄弱的知识产权保护制度使中国企业之间相互伤害，不仅削弱了我国企业的国际竞争力，而且严重抑制了竞争力产生的源泉——创新。

第五，人、财、物投入仍然不足。尽管我国科技人力资源总量已是世界第二位，但与其他国家相比，特别是在相对指标（如每万名劳动力拥有的 R&D 人员）方面差距仍十分明显。投入不足是长期困扰我国创新能力提升的重要制约因素。20 世纪 90 年代以来，我国 R&D/GDP 一直徘徊在 0.6% ~ 0.7%，2005 上升为 1.3%，2012 年是 1.97%，仍低于创新型国家 R&D/GDP 至少为 2% 的要求。当前，我国尚未建成有利于科技人员创新创业的科技基础条件平台，大型科研设施以及科研资料、科学数据等严重匮乏、分散落后，并且还存在着盲目重复购置、使用效率不高的问题，没有形成社会共享机制。

3. 面临形势

科学技术是第一生产力，自主创新能力的高低决定着一国在全球经济的地位，因此，创新能力上的竞争是各国经济竞争的焦点。此次国际金融危机为全球产业格局重新布局带来了契机。为摆脱危机，促使经济复苏，美国总统奥巴马提出的为期 10 年总投资达 3 万亿美元的新能源和低碳技术开发及产业化计划，表达了美国通过占领新的科技制高点，引领新一轮产业结构调整方向，继续保持科技和经济全球领先地位的愿望。欧盟、日本等发达国家和地区也纷纷制定相关规划，增加研发投入，支持相关产业发展。这是一个全球性的重大科研工程和经济发展战略，对未来全球面貌和人类社会将产生深远的影响。谁将在新一轮全球产业布局的竞争中占有有利地位，取决于在相关产业技术研发上的投入和新技术产业化的速度。

从国内看，我国正处在工业化、城市化加快推进阶段。为追赶发达国家的经济发展水平，目前正致力于产业结构的优化升级，促进经济发展方式转变，努力促使经济发展由主要依靠增加物质资源消耗转变为主要依靠科技进步、改善管理和提高劳动者素质。按照科学发展观要求，我国还提出了建立资源节约型、环境友好型社会的发展目标，努力实现产业结构由能源资源密集型为主向资本、技术、知识密集型产业为主转变，降低高耗能、高污染、资源型产业在国民经济中的比重，提高产品技术含量和附加值，这需要把提升产业技术水平、实现产业结构升级与新一轮全球产业结构调整的任务结合起来。也就是说，既要尽快缩小同发达国家现有产业技术和产业结构上的差距，又要赶上新一轮产业技术进步和产业结构调整的步伐，从而对我国科技进步和结构调整提出了更艰巨的任务。

（二）企业自主创新能力提高的主要方向与重点任务

当前，企业自主创新能力提高的主要目标是通过加强原始性创新、集成创新、引进技术的消化吸收和再创新，努力在若干重要领域掌握一批核心技术，拥有一批自主知识产权，造就一批具有国际竞争力的企业和品牌，为我国经济社会发展和国防现代化建设提供强大的科技支撑。实现这一目标，需要政府和市场两种力量协同推进。具体而言，提高企业自主创新能力，需要做好以下几项工作。

1. 构建和完善国家自主创新体系

国际经验表明，一国的创新需要国家政府的力量，即主要由政府组织资源配置与管理。科学研究、技术创新、知识传播和应用，是发达国家创新体系的共同点，也是工业化国家创新的核心。实现我国新型工业化需要进一步深化改革，加快推进国家创新体系建设，全面部署和优先安排基础科学和战略高技术，选择若干重点领域，实施若干重大专项，突破重大共性关键技术，全面提升产业竞争力。制定跨越式科技发展战略与技术创新政策、经济发展战略和政策，建立与新型工业化发展、产业变革、社会就业等政策相配套的、高效互动的国家创新制度。加强科研部门与市场主体和社会各部门的联系，促进科学技术和知识的创造、产生、循环、传播、扩散、应用，促使科学技术成果和知识产业化。

2. 构建和完善企业自主创新体系

企业创新体系是企业生产经营管理研究、企业技术研究以及开发和应用的有机构成和服务体系。企业创新体系以市场为导向，通过市场机制配置资源，重点解决企业技术创新研究和接收应用问题，使科研技术、信息技术成果有效地进入企业生产、经营领域，转化为实现新型工业化的生产力，实现企业经营管理信息化。

3. 构建和完善自主创新市场体系

工业化的发展正是市场经济高度化的体现，如果没有一个发达、完善、有序的市场体系，市场经济的功能得不到正常的发挥，这将制约我国市场化进程和新型工业化的实现。市场体系创新，首先是培育、健全和完善国内市场体系结构，包括健全和完善消费品市场、生产资料市场、服务市场、金融市场、劳动力市场、房地产市场、技术市场、信息市场、产权市场等。同时，一国的国内市场经济及其工业化建设不能脱离国际市场而独立存在和发展，而是必须与国际市场紧密结合，特别是在经济全球化的今天更是如此。在自主创新市场体系的构建和完善过程中，特别需要加强各种中介组织的建设，发挥其促使技术商品交易对接和交易"润滑剂"的作用，以使创新市场运转畅通，交易成本降低。

（三）完善相关政策与制度保障

一要建立鼓励企业增加科技投入的政策机制，使企业成为科技投入主体。针对技术创新活动的不同类型，改革与企业技术创新有关的管理制度和政策，加强科技政策与经济政策的协调，给企业自主创新提供更加有利的环境。通过出台投资、信贷、税收等优惠政策，运用财政补贴、政府技术采购等多种政策措施，发挥政府科技投入的引导性作用，形成鼓励企业增加科技投入的激励机制。

二要建立促进科技成果扩散、流动的新机制，使企业成为成果应用和受益的主体。

三要加强管理创新。管理对企业在经营中有效地利用人力、物力、财力，提高经营效益具有至关重要的作用。目前，我国企业仍存在创新投入普遍不足的状况，加强管理创新从而促进自主创新效率意义重大。在管理创新过程中，需要大胆引入新的理念，运用科学理论和方法，形成新的有效制度，使企业组织及企业员工自主创新行为科学化、规范化并带有突破性，从而形成一个环境宽松、运转正常、效果明显的企业创新体系。

四要加大知识产权保护力度。完善关于侵犯知识产权违法行为的法律法规和规章制度，健全检验、鉴定标准，明确定罪量刑标准，特别是提高对知识产权侵权的处罚力度。加大对各种侵犯知识产权违法行为的打击力度，充实知识产权执法、司法队伍，使知识产权执法、司法常规化。同时，破除地方政府对本地企业知识产权侵权的保护，对侵权多发地、多发产业集中专项整治。

五要培养和吸引人才。主要是通过研发实战提高科研队伍的创新能力，研发成果才更易于向商品转化。注重招聘外来人才，这是壮大人才队伍的重要渠道，更是外来经验"为我所用"的捷径。

六要培育良好创新环境，扶持中小企业的创新活动。特别是要尽快取消在对外贸易、投融资等方面对中小企业的不平等待遇，建立有利于中小企业成长的政策环境。大力培育和建立科技创业服务体系、科技投融资体系和创业板市场，支持中小型科技企业创新创业。大力建设各种中介组织，促进创新市场体系完善。

三　战略性新兴产业发展战略

（一）战略性新兴产业发展的成就、问题与形势

1. 发展成就

金融危机以来，世界各国纷纷把发展新兴产业作为摆脱危机、振兴经济和抢占未来国际竞争制高点的重要突破口。我国于 2010 年 10 月做出了加快培育和发展战略性新兴产业的决定，并在"十二五"规划中提出到 2015 年七大战略性新兴产业增加值占 GDP 的比重达到 8% 的目标。2012 年 7 月，国务院印发《国家"十二五"战略性新兴产业发展规划》，明确了战略性新兴产业发展的原则、目标、主要方向和重点任务。

在政策引导和扶持下，我国战略性新兴产业蓬勃发展，总体上与国外同步或差距不大，部分领域还具有领先优势。节能环保产业成长迅速，从以"三废治理"为主，发展为包括环保产品、节能产品、环境基础设施建设、环境服务等领域的门类齐全的产业体系，2012 年产业总产值达到 2.8 亿元。新一代信息技术产业市场空间大，支柱性产业地位日益凸显，2012 年电子信息产业销售

收入达到 11.0 万亿元，增幅超过 15%。生物产业发展初具规模，2011 年生物产业规模超过 2 万亿元，其中生物医药规模达到 1.64 万亿元。高端装备制造业快速布局，重型机械、核电、高铁、航空、中高端数控机床、海洋工程等领域发展潜力巨大。新能源产业总体规模已居世界前列，已经成为世界上水电和风电装机规模最大的国家，2012 年风电累计装机容量达到 75324.2MW，同比增长 20.8%，稳居世界第一。新能源汽车产业研发能力由弱变强，形成较完整的产业布局，自主研制的纯电动、混合动力和燃料电池三类新能源汽车整车产品相继问世，节能与新能源汽车示范推广城市从 13 个扩大到 25 个。新材料产业保持平稳增长，但总体水平处在国际产业链低端，自主开发能力薄弱，高性能的材料、核心部件和重大装备还依赖于进口。

2. 主要问题

在战略性新兴产业发展中，仍然存在诸多问题。一是存在重复建设隐忧，缺乏总体规划指导，各省均追求大而全，忽视地方特色和产业发展基础，出现产业结构趋同现象。二是市场作用发挥不足，过多利用行政手段催生产业，介入企业微观活动、干预关键技术开发和产业化，市场培育力度明显不足。三是面临核心技术瓶颈，技术集成能力薄弱，关键核心技术和装备仍依赖进口。四是财税金融投资政策缺乏，融资性担保机构不发达、多层次金融市场不完善，银行和社会融资渠道不畅。五是适应新兴生产力发展的体制机制尚未确立，政府推动与市场主导的功能定位和协同互动关系把握不准，战略性新兴产业发展的市场机制尚未形成，政出多门，协调难度大。六是仍存在"三网融合"的利益之争、节能环保产业的价格形成机制难确定等体制性制约。七是国际合作力度明显不足，形式单一，不注重前期技术合作，合作渠道不畅。

3. 面临形势

当前，以新技术、新产业迅猛发展为特点的新一轮产业革命已拉开帷幕，新兴产业逐渐成为引领未来经济社会发展的主导力量，世界主要国家纷纷调整发展战略，大力培育新兴产业，抢占未来经济科技竞争制高点。我国正值加快转变经济发展方式，推进新型工业化进程的关键时期，但资源环境矛盾越来越突出，工业大而不强，关键技术自给率低，初级加工和资源密集型产业比重过大，仍处于全球价值链的中低端，实现 2020 年基本实现工业化的目标还任重道远。目前形势下，我国迫切需要加快构建自主创新，攻关核心技术，在未来新科技革命中实现赶超。而以战略性新兴产业为先导，由此带动我国工业化的整体档次和水平，不失为一条可行之路。通过发展战略性新兴产业，有助于加快我国自主创新步伐，不断催生新产品、新领域和新业态，有助于传统经济发展方式的转变，实现工业可持续发展。

（二）战略性新兴产业发展的主要方向与重点任务

1. 战略性新兴产业发展的七大方向

金融危机以来，有关部门多次组织会议研讨战略性新兴产业发展问题，产业发展方向和重点逐步明确和细化。2012 年 7 月，国务院发布的《国家"十二五"战略性新兴产业发展规划》进一步明确了战略性新兴产业发展的七大方向，即节能环保、新一代信息技术、生物产业、高端装备制造产业、新能源、新材料、新能源汽车。此外，还明确了"十二五"末七大战略性新兴产业增加值占 GDP 的比重要达到 8%，未来要成为国民经济的先导性、支柱性产业。

2. 战略性新兴产业发展的重点任务

根据《国家"十二五"战略性新兴产业发展规划》，结合我国工业化现状，我们认为，战略性新兴产业要以稳步推进我国工业化进程，实现我国由工业大国向工业强国转变为目标，重点任务如下：一是着力提升工业产业创新能力，提高企业重大科技成果集成、转化能力，掌握一批具有主导地位的关键核心技术，建成一批具有国际先进水平的创新平台，提升发明专利质量、数量和技术标准水平。二是着力发展高端新兴产业，形成战略性新兴产业科学发展、协调推进的基本格局，传统产业结构升级稳步推进，战略性新兴产业增加值占国内生产总值的比重明显上升，吸纳、带动就业能力显著提高。三是形成完整的新兴产业链条，占据产业高端地位，使战略性新兴产业逐步成为国民经济的支柱产业，为经济社会可持续发展提供有力支撑。四是着力提高工业国际分工地位，攻关一批核心关键技术，形成一批自主创新品牌，提升工业产品在国际产业链中的地位。五是进一步优化工业产业结构，实现战略性新兴产业快速增长，推动工业产业结构持续优化，引领工业转型升级步伐。

（三）完善相关政策与制度保障

1. 做好战略规划的衔接和协调

目前，国家层面已对战略性新兴产业做了规划部署，各地也做了相应的安排，下一步需要做好地方规划和总体规划的衔接和协调，并严格落实规划的各项内容。各地应结合地方经济特色和发展基础，构建差别化的发展战略，打造大型新兴产业基地，构建大生产线，形成大而完整的新兴产业链条，避免产业结构趋同、重复建设和无序竞争。

2. 积极培育新兴产业市场

以市场引领战略性新兴产业发展，使企业真正成为市场主体，减少行政干预。完善相关市场开放机制，深化民间投资准入改革，鼓励各类企业投资战略性新兴产业。培育和完善各种要素市场，构建激励创新的制度政策，支持和促进创新成果产业化。发挥政府引导作用，完善公共服务体系，帮助企业克服产品和服务市场认知度低、产品成本相对较高等发展障碍。

3. 紧抓自主技术创新

建立由骨干企业、科研机构和高校共同组成的国家队，结合国家科技计划、知识创新工程和自然科学基金项目等的实施，集中力量突破一批支撑战略性新兴产业发展的关键共性技术。引导企业加大研发投入力度，鼓励集成创新、消化吸收再创新。制定并实施战略性新兴产业标准发展规划，完善创新制度环境和激励机制，强化新兴产业发展公共技术服务支撑体系。

4. 加强财税金融政策支持

在税收激励政策方面，针对战略性新兴产业人力资本和研发费用比例高、产品发展初期进入市场难等特征，制定流转税、所得税、消费税、营业税等支持政策。在金融政策方面，针对大量中小企业需要创业投资、场外交易、发行债券等多种直接融资和政策性融资支持的特点，发展多层次资本市场，大力发展创业投资和股权投资基金，鼓励商业银行和保险资金支持战略性新兴产业发展。在财政政策方面，整合现有政策资源、建立稳定的财政投入增长机制，设立战略性新兴产业发展专项资金，支持重大关键技术研发、重大产业创新发展工程、重大创新成果产业化、重大应用示范工程及创新能力建设。

5. 发挥资本市场支撑作用

大力发展债券市场，扩大公司债、企业债、短期融资券、中期票据、中小企业集合票据等发行规模。建立适应战略性新兴产业发展的多层次资本市场支撑体系，完善不同层次市场之间的转板机制，推动具有较强自主创新能力的企业上市融资。大力发展风险投资事业，鼓励地方设立创业投资引导基金，引导社会资本投向处于创业早中期阶段的战略性新兴产业企业，促进自主创新成果产业化。健全投融资担保体系，创新抵质押融资方式，便利民营企业和民间资本投资战略性新兴产业。

6. 推进体制机制改革

深化政府管理体制改革，消除跨部门、跨行业、跨地区、跨所有制发展的政府管理体制障碍。建立促进"三网"融合高效、有序开展的政策和机制，深化电力体制改革，推进空域管理体制改革，实施新能源配额制，落实新能源发电全额保障性收购制度；加快资源性产品价格形成机制改革，完善资源税费调节机制；加快建立生产者责任延伸制度，建立和完善主要污染物和碳排放交易制度；建立新能源汽车准入制度和完善汽车公告制度、改革空域管理体制；建立使用国产首台（套）装备的风险补偿机制。

7. 扩大与深化国际合作

充分利用全球创新资源，加强国际科技交流与合作。支持引进核心关键技术和设备，加强技术消化与攻关，快速奠定自主创新技术和产业基础。充分利用全球资本，提高国际投融资合作质量和水平，多层次、多元化利用国外资金。推动国内技术和产品"走出去"，鼓励企业培育国际化品牌，开展国际化经营，参与高层次国际合作。鼓励企业和研发机构在境外设立研发机构，参与国际标准制定，支持拥有自主知识产权的技术标准在国外推广应用。

8. 把握国内外最新形势及时调整重点发展领域

国内外政治经济形势复杂多变，技术创新日新月异，这些变化随时可能会对产业发展带来巨大影响。比如，随着第三次工业革命初露端倪，智能微电网技术已成为新的发展热点；在国内大面积雾霾天气突然来袭之后，与之相关的洁净燃烧技术、新能源替代和扬尘污染控制等必将成为产业热点。因此，新兴产业的重点领域不应一成不变，要在新兴产业发展规划的指导下，根据国际国内形势的变化，应时调整产业重点发展领域，并在相关领域提前进行产业布局。

四 工业人力资本要素全面提升战略

我国工业企业员工构成了一支庞大而参差不齐的劳动队伍，其中既有为数众多、低劳动技能的低端劳动力和一大批中等层次的劳动者队伍，也有一定数量的、教育背景良好、技能水平较高的高端知识员工。人力资本作为重要工业生产要素，人力资本要素全面提升，对工业经济发展具有重要意义。工业转型升级除了指传统意义上的产业升级外，还有一个重要方面就是要素间升级，即在生产要素层级中从自然资产向物资资本、人力资本和社会资本移动。

（一）工业人力资本要素全面提升的成就、问题与形势

1. 发展成就

我国工业从业人数在近 10 年里持续增长，2001～2010 年这十年间，我国工业从业人数年均增长率为 6.4%。随着工业规模扩大和产

业技术提高，技能劳动者数量大幅提高。根据人力资源和社会保障部的调查，2003～2009 年，中国包括初级工、中级工、高级工、技师、高级技师在内的技能劳动者增加了 1930 万人，年均增加 386 万人。截至 2011 年底，全国技能劳动者总量约 1.19 亿人，其中高技能人才 3117 万人。高技能人才队伍在加快产业优化升级、提高企业竞争力、推动技术创新和科技成果转化方面发挥了不可替代的重要作用。目前，我国高技能人才培养体系逐步形成。全国已有技工院校 2914 所，在校生近 500 万人，其中高级工和预备技师培养规模超过百万人。

2. 主要问题

近年来，虽然工业从业人员数量呈持续上升趋势，但整体劳动力素质偏低。根据国家统计局的《2011 年我国农民工调查监测报告》，2011 年全国农民工总量达 2.5 亿人，从事制造业的比重最大，占 36%，也就是说，2011 年从事制造业的农民工约为 9100 万人。调查还显示，2011 年农民工中初中及以下文化程度者占 77%。从这个侧面看，当前我国工业从业者受教育程度普遍不高。而西方先进工业化国家已经形成了高中教育程度占多数的产业工人群体，而且政府和企业普遍重视职工的终身培训以适应工业技术前进的步伐。根据中国人力资源市场信息网监测中心在全国部分城市公共职业介绍服务机构收集的劳动力市场职业供求状况信息显示，2011 年，技师、高级技师、高级工程师的岗位空缺与求职人数比值分别达到了 1.88、1.76 和 2.29。目前我国工业劳动者技能不高已经成为制约工业转型升级的重要因素之一。社会上对技能人才的认识仍有偏差，重学历文凭、轻职业技能的观念还未从根本上得到扭转，企业职工和青年学生学习技能的积极性不高，高技能人才仍然面临发展渠道窄、待遇偏低等问题，人才成长发展的社会环境有待进一步改善。高技能人才培养投入总体不足，培养培训机构能力建设滞后，人才发展的体制机制障碍依然存在。

3. 面临形势

人才资源是经济社会发展的第一资源。走新型工业化道路，加快产业优化升级，全面提升我国企业核心竞争力，迫切需要大力加强人才队伍建设。提升企业竞争力也对高技能人才队伍建设提出了更高的要求。人才资源是企业发展的基础。先进的科技成果需要通过技术工人的劳动转化为现实的生产力，先进的设备要靠人来操作和维护。提升企业的核心竞争力、提高企业产品质量、加快企业产品优化升级，都对企业技能人才队伍建设提出了新的更高要求。当前和今后一个时期，我国就业形势依然十分严峻，劳动力供大于求的总量矛盾将长期存在，劳动者技能与岗位需求不匹配造成的就业结构性矛盾更加突出。因此，必须大力加强劳动者就业技能培训，不断提升职业素质和技能水平，逐步缓解就业结构性矛盾。

（二）工业人力资本要素全面提升的主要方向与重点任务

加强人才队伍建设，培养造就一支数量充足、结构合理、技艺精湛的人才队伍，是我国工业转型升级的重要方面。工业人力资本要素全面提升的主要方向和重点任务，包括以下几个方面。

1. 加强企业家队伍建设

产业结构优化升级和企业实施"走出去"战略对加强企业家队伍建设提出迫切需要。为提高企业现代经营管理水平和国际竞争力，需要建设一支高水平的企业家队伍。一是大力开发人才资源，以职业经理人为重点，培养造就一批具有全球战略眼光、管理创新能力和社会责任感的优秀企业家和一支高水平的企业经营管理者队伍。建立企业经营管理人才库，提升企业经营管理人才素质。二是健全企业经营管理者聘任制、任期制和任期目标责任制，完善企业经营管理人才评价体系，积极发展企业经营管理人才评价机构。三是完善年度薪酬管理制度、协议工资制度和股权激励等中长期激励制度。

2. 加强高技能人才培养力度

新型工业化道路需要一支门类齐全、技艺精湛的高技能人才队伍作为保障。一是完善以企业为主体、职业院校为基础，学校教育与企业培养紧密联系、政府推动与社会支持相结合的高技能人才培养培训体系。二是加强职业培训，统筹职业教育发展，整合利用现有各类职业教育培训资源，依托大型骨干企业、重点职业院校和培训机构，建设一批示范性国家级高技能人才培养基地和公共实训基地。三是改革职业教育办学模式，大力推行校企合作、工学结合和顶岗实习。四是完善国家高技能人才评选表彰制度，进一步提高高技能人才经济待遇和社会地位。

3. 加大对劳动者的职业技能培训，提升员工素质

未来随着我国工业转型升级的推进，对人才的需求将随之向高端提升，低学历、低技能的农民工必须转变为高技能的现代产业工人，才能适应转型升级的需要。因此，必须加强对劳动者的培训，将中国丰富的人力资源转化为可利用的人力资本，以适应企业转型升级的要求。一是根据市场需求调整高等教育的专业设置，进一步加强高等职业教育，对大学毕业生毕业前进行实践能力培训。二是加大对农民工培训的投入，建立从农村到城市的就业信息和职业培训网络，使进城打工者熟悉城市的生活方式、掌握必要的职业技能。三是加强职业培训制度和能力建设，统筹推动就业技能培训、岗位

技能提升培训和创业培训，加快构建劳动者终身职业培训体系，努力提高劳动者的职业素质和就业能力。

（三）完善相关政策与制度保障

1. 加强人才工作法制建设

坚持用法制保障人才，推进人才管理工作科学化、制度化、规范化，形成有利于人才发展的法制环境。加强立法工作，建立健全涵盖国家人才安全保障、人才权益保护、人才市场管理，以及人才培养、吸引、使用等人才资源开发管理各个环节的人才法律法规。

2. 实施产学研合作培养创新人才政策

一是建立政府指导下以企业为主体、市场为导向、多种形式的产学研战略联盟，通过共建科技创新平台、开展合作教育、共同实施重大项目等方式，培养高层次人才和创新团队。二是实行"人才+项目"的培养模式，依托国家重大人才计划以及重大科研、工程、产业攻关、国际科技合作等项目，重视发挥企业作用，在实践中集聚和培养创新人才。三是对企业等用人单位接纳高等学校、职业学校学生实习等实行财税优惠政策。

3. 发展专业化教育培训机构

员工培训工作逐步由企业内部培训为主转为依靠各类专业化教育培训机构提供培训服务。这些专业培训机构既可为在岗企业职工提供技能培训，也可提供针对下岗职工的转岗培训等。

4. 建立人才流动配置机制

推进人才市场体系建设，完善市场服务功能，畅通人才流动渠道，建立政府部门宏观调控、市场主体公平竞争、中介组织提供服务、人才自主择业的人才流动配置机制。健全人才市场供求、价格、竞争机制，进一步促进人才供求主体到位。大力发展人才服务业。加强政府对人才流动的政策引导和监督，推动产业、区域人才协调发展，促进人才资源有效配置。

五 工业绿色低碳节能发展战略

（一）工业绿色低碳节能发展的成就、问题与形势

1. 发展成就

工业绿色低碳节能是我国工业转型升级、建立更加发达的现代工业体系的重要方面。近年来，我国工业在节能降耗减排方面取得了较大成绩，特别是"十二五"以来，我国加大了节能减排工作力度，相继发布了《"十二五"控制温室气体排放工作方案》《"十二五"节能减排综合性工作方案》等一系列政策，加大对高耗能、高排放和产能过剩行业的调控力度，淘汰了一大批水泥、炼铁、焦炭等行业的落后产能。2012 年我国单位国内生产总值（GDP）能耗同比下降 3.6% 而 2011 年只下降 2%，节能减排取得明显的进展。2012 年我国工业用电量同比增长 3.9%，相比 2011 年同比增长了 11.84%，增速明显放缓。大部分行业能源消费增速普遍回落，部分高耗能行业能源消费增速略有回升。

2. 主要问题

我国工业发展方式仍较为粗放，资源能源消耗高，污染排放强度大，部分"两高一资"行业产能过剩问题突出。目前，我国工业绿色低碳节能发展的主要问题在于：一是高耗能行业比重偏高。我国石油加工、炼焦及核燃料加工业，化学原料及化学制品制造业，

非金属矿物制品业，黑色金属冶炼及压延加工业，有色金属冶炼及压延加工业，电力、热力的生产和供应业这六大能耗最高的工业行业在工业总产值中所占的比重超过30%。2011年我国重工业占规模以上工业产值的比重为71.8%，超过日本、德国、美国等国家在工业化过程中曾达到的峰值。二是工业能源资源利用效率较低。虽然近年来我国工业的能源利用效率得到一定程度的改善，但与发达国家相比仍存在明显的差距。根据世界银行的数据，用购买力平价衡量，2011年美国单位能源消耗产生的价值是6.04美元，日本为8.52美元，而我国仅为3.66美元。三是工业污染形势严峻。工业始终是我国重要污染源之一，2012年我国二氧化硫排放总量为2117.6万吨，其中工业源约占90%，氮氧化物排放总量为2337.8万吨，其中工业源占70%左右。

3. 面临形势

我国仍处于工业化加速发展阶段，产业结构偏重状况短期内难以改变，工业绿色低碳节能发展仍将面临严峻挑战。从国际看，我国工业发展国际环境和形势面临着深刻变化，2008年国际金融危机以来，发达国家纷纷选择以绿色经济作为经济转型升级的突破口，节能环保已成为产业竞争的核心竞争力之一，高效节能产品成为未来的发展方向。由于我国制造业总体上仍处于产业价值链中低端，产品资源能耗消耗高，在国内劳动力成本优势逐步削弱、工业增加值率较低的情况下，面对新的国际贸易环境，工业产品出口面临巨大压力。因此我国工业发展必须适应新形势，以绿色节能降耗为抓手提升产业国际竞争力。从国内看，能源资源和生态环境约束也对工业转型升级提出了紧迫要求，如果行动迟缓，不仅资源环境难以承载，而且会错失重要的战略机遇期，因此必须推进工业绿色低碳节能发展。

（二）工业绿色低碳节能发展的主要方向与重点任务

我国仍处于工业化深入推进阶段，面临着工业投资扩张、能源资源需求扩大、环境影响加剧等问题。工业绿色转型需要在发展理念、增长方式、目标方向等方面做出重大转变，要从战略层面高度重视，走新型工业化道路，加强机制创新，建立完善制造业绿色发展的政策支撑体系。目前，我国工业绿色低碳节能发展的主要方向与重点任务，包括以下几个方面。

1. 大力推进工业节能降耗

节能降耗是促进工业绿色低碳节能发展的最主要支撑，要把工业节能降耗作为转变工业发展方式、推动工业转型升级的突破口和重要切入点。工业节能降耗要以科技创新为支撑，加强企业节能管理，提升工业能源利用效率，减少污染排放。一是鼓励企业建立能源管理体系，对工业生产源头、过程和产品三个重点都实施能效提升计划，提高企业能源利用效率。完善主要耗能产品能耗限额和产品能效标准，严格能耗、物耗等准入门槛。二是实施重点行业节水技术改造，加快节水技术和产品的推广使用，推进污废水再生利用，提高工业用水效率。健全高耗水行业用水限定指标和新建企业用水准入条件。加强政策引导，推广节材技术工艺，促进原材料的节约使用。三是建立工业节能技术评定及推广机制，研究建立工业设备能效标识制度，扩大节能设备认证范围。加快传统生产设备的大型化、智能化改造，推进以节能减排为核心的企业技术改造。

2. 推动新能源产业发展

一是大力开发非常规天然气资源。加快全国页岩气资源调查与评价，在保护生态环境和合理利用水资源的前提下，优选一批页岩气远景区和有利目标区。二是积极有序发展水电。在做好生态环境保护和移民安置的前提下积极发展水电，加强流域水电规划。三是以风能、太阳能、生物质能利用为重点，加快发展可再生能源。

3. 大力发展循环经济

以提高资源产出率为核心，大力发展循环经济的重要方面，包括：一是以工业园区等为重点，通过上下游产业优化整合，实现土地集约利用、废物交换利用、能量梯级利用、废水循环利用和污染物集中处理，构筑链接循环的工业产业体系。二是推进工业固体废弃物综合利用示范基地建设，先期通过开展示范基地试点工作，攻克一批关键共性技术，推广应用一批先进适用技术，推进工业固体废物规模化增值利用。三是加快推进和组织实施循环经济重大技术示范工程。在钢铁、化工、有色金属、水泥等行业推广核心技术成熟可靠、工艺路线清晰、具有循环经济典型示范意义和行业代表性的重大技术示范工程，为各行业进一步推进循环经济发展提供参照和借鉴。

4. 加快淘汰落后产能

加快现行税制的改革，充分发挥市场机制作用，加快形成有利于落后产能退出的市场环境和长效机制。一是强化安全、环保、能耗、质量、土地等指标约束作用，完善落后产能界定标准，严格市场准入条件，防止新增落后产能。二是严格执行环境保护、能源资源节约、清洁生产、安全生产、产品质量、职业健康等方面的法律法规和技术标准，依法淘汰落后产能。三是加快资源性产品价格形成机制改革，实施差别电价等政策，促进落后产能加快淘汰。采取综合性调控措施，抑制高消耗、高排放产品的市场需求。

（三） 完善相关政策与制度保障

1. 完善相关法律法规

加强工业节能减排立法工作，推动工业节能、节水、资源综合利用等法规制定，尽快形成推进工业节能减排的法制环境。

2. 加快建立完善节能环保标准体系

完善工业能效标准体系，抓紧制订一批国家能效标准及行业能效标准，加强能耗限额标准管理工作，开展能耗限额标准执行情况监督检查，研究建立基于能耗限额标准的惩罚性电价政策机制。通过节能环保新标准，引导和推动企业绿色转型。

3. 加大财税政策支持力度

加大财政资金对工业节能降耗、循环经济和资源综合利用的支持力度。同时，创新节能环保投入机制，探索设立工业节能减排产业基金。通过融资担保、设备租赁等方式，推进企业落后设备更新淘汰和升级改造。

4. 加强对工业企业污染治理的监督和监察

一是制定工业能效提升计划实施方案，建立重点用能企业节能绩效评价制度。二是加强工业节能监察执法能力建设，开展部门联合执法，完善日常监察与专项监察相结合的节能监察工作长效机制。三是加强对小企业的污染排放监管和惩罚力度。

5. 鼓励节能环保相关服务业发展

加快推动合同能源管理、清洁生产审核、绿色产品认证评估、环境投资及风险评估等生产性服务发展。一是推动节能服务公司为用能单位提供节能诊断、设计、融资、改造、运行等"一条龙"服务。鼓励大型重点用能单位组建专业化节能服务公司，为本行业其他用能单位提供节能服务。二是创新合同能源管理模式，积极推广市场化节能服务模式。三是加大污染治理设施特许经营实施力度，引导民间投资节能环保服务产业。

6. 构建工业绿色低碳发展长效机制

一是探索建立工业绿色发展评价体系，编制全国工业绿色发展指数，引导全国各地区从主要依靠规模扩张、过度消耗能源资源的粗放发展向注重效率、发展质量和效益的可持续发展转变。二是建立节能减排市场机制，推行节能量、碳排放权、排污权交易制度，推行污染排放第三方治理机制。

六　工业外贸发展方式转变战略

（一）工业外贸发展的成就、问题与形势

1. 发展成就

进出口规模跃上新台阶，2012 年，我国进出口额达到 38667 亿美元，居世界第 2 位，占世界的 10.5%。其中，出口 20489 亿美元，居世界第 1 位，占世界的 11.2%。出口商品结构优化，工业制成品出口比重 95% 以上，机电产品出口比重 60% 以上，高新技术产品出口比重 30% 以上。市场多元化取得新进展，对发达国家和地区市场进出口比重有所下降，对新兴市场进出口快速增长，占比提高。多双边和区域经贸合作进一步加强，签订和实施了一批自贸区协定。

2. 主要问题

我国虽然是外贸大国，但并不是真正的外贸强国。我国外贸方式，以加工贸易为主，以工业制成品为主，以劳动与资源密集型产

品为主，以中低端产品为主。工业出口企业核心竞争力不强，参与国际分工深度不够。出口产品质量、档次、附加值不高，自有品牌出口比重低。参与制定国际规则标准和价格谈判能力较弱。贸易平衡的国别和区域结构矛盾突出，外贸发展的国际市场和国内区域布局需要完善，传统外贸发展方式与资源能源供应和环境承载能力的矛盾比较突出。稳定外贸增长的政策、舆论、公平竞争与体制机制环境有待继续优化。

3. 面临形势

在挑战方面，从国际看，世界经济增速放缓，但不确定、不稳定因素增加。贸易保护主义抬头，国际贸易摩擦增多。国际货币体系处于变动调整之中，汇率大幅波动，大宗商品价格高位震荡。我国与发达国家在技术和资本密集型产业的竞争激烈，与发展中国家在传统劳动密集型产业的竞争加剧。从国内看，企业劳动力、原材料、能源、土地、环境等要素面临成本上升，企业创新能力不足，总体上仍处于全球价值链分工的低端环节。在机遇方面，从国际看，经济全球化仍将深入发展，各国改革全球经济治理机制的呼声强烈，我国参与全球经济治理的话语权增强。贸易自由化和区域经济一体化继续推进，双边和区域自由贸易协定数量不断增加。国际产业转移从加工制造环节向产业链两端延伸，为我国延伸产业链条带来机遇。新兴经济体和发展中国家工业化、城镇化进程加快，为我国开拓市场提供新的支撑。科技创新孕育新兴产业，促进国际分工深化，推动产业内贸易发展，扩大国际贸易空间。各国更加重视低碳环保，为我国节能环保产品提供了广阔的市场。从国内看，我国产业体系日益完备，具有较强的产业配套能力；基础设施明显改善，劳动者素质不断提高，科技创新日益深化，出口产业综合优势进一步增强。

产业结构升级、城镇化和人民生活水平提高，带动各类生产资料和生活资料进口增长。战略性新兴产业快速发展带动相关产品和技术的进出口。中西部和沿边地区外贸增长势头强劲，进出口具备了更快发展的基础和条件。

（二）工业经济外贸发展方式转变战略的主要方向与重点任务

适应经济全球化新形势，推动对内对外开放相互促进、"引进来"和"走出去"更好结合，促进国际国内要素有序自由流动、资源高效配置、市场深度融合，加快培育参与和引领国际经济合作竞争新优势，以开放促改革。转变工业经济外贸发展方式，要着力提高出口商品的国际竞争力，提高企业的国际竞争力，提高政府参与国际贸易规则制定的能力；调整优化企业主体结构，增强大型企业国际竞争力，普遍提高中小企业基本素质；调整优化商品结构，稳定传统优势产品贸易，扩大自有知识产权、民族品牌、高附加值产品贸易；调整优化市场结构，巩固传统市场，开拓新兴市场，培育周边市场；调整优化贸易方式结构，做强一般贸易，提升加工贸易，发展其他贸易。为此，要着力从以下几个方面推进工业外贸发展方式转变。

1. 从出口导向型向产业优势导向型转变

在保持劳动力资源丰富、劳动力成本相对较低的优势前提下，着力提升工业各类主要产业在世界的竞争力，形成世界优势产业，让全世界因中国的产业优势而需要中国产品，而不是世界需要什么产品，中国跟随生产什么产品。要使外贸需求（出口导向）带动外贸生产转变为外贸生产（产业优势）推动外贸需求。为此，要重点加快外贸转型基地建设。按照国家产业政策和规划布局，依托产业集聚区，加快培育一批农产品、轻工、纺织服装、医药、五金建材、新型材料、专业化工、工程机械、铁路机车、电力电信设备等重点行业专业型基地，特别是要依托生产型龙头企业，培育一批企业型基地。

2. 从粗放型贸易向集约型贸易转变

全面提高劳动者素质，提高企业劳动生产率，降低工业企业人工成本，减少单位产品中的劳动力消耗；全面提高工业生产的科学技术含量，提升生产经营全过程管理水平，减少工业生产的产前、产中与产后全过程中的各类资源与物质消耗。特别是要大力提升加工贸易，鼓励加工贸易转型升级，提高科技含量和附加值。推动我国本土企业进入加工贸易产业链和供应链，并充分利用"两种资源、两个市场"做大做强。鼓励加工贸易企业延伸产业链、增值链，提高本地增值、本地配套比重。推动来料加工企业转型，培育和建设一批加工贸易梯度转移重点承接地及承接转移示范地，引导加工贸易由东部沿海地区向中西部地区有序转移。

3. 从中低端要素集成品为主向高中端要素集成品为主转变

全面提高工业出口的技术要素、智慧要素、文化要素、品牌要素、国际要素、创新要素含量，以满足世界经济与市场发展的新需要。重点推进出口企业品牌建设，推动品牌、技术和高质量产品贸易。大力发展新兴出口产业，推动战略性新兴产业国际化。扩大技术和资金密集型的机电产品、高新技术产品和节能环保产品出口。鼓励自有品牌、自有知识产权和高附加值产品出口。引导和鼓励企业采用国内外先进技术标准，参与国际标准制订。建立国家出口产品质量风险动态监测体系，运用技术性措施引导和促进出口企业加强质量管理和诚信自律。鼓励低碳排放、节能环保产品贸易，严格控制高污染、高耗能行业开展加工贸易，严格控制"两高一资"产品出口。

4. 从以西方市场为主向全球多元市场转变

继续努力保持中国工业出口产品与服务在西方市场的竞争优势，保持和扩大市场份额，同时着力开拓"金砖五国"市场、新兴国家市场、发展中国家市场，特别是非洲与南美洲市场，真正形成中国工业出口的全球多元化市场。巩固传统市场，培育周边市场，加大发展中国家市场开拓力度，提高发展中国家在我国外贸中的比重。

5. 以发展自由贸易区为契机推动外贸发展方式转变

积极应对美国等国的 TPP 谈判，争取国际贸易新规则的话语权。加快实施自贸区战略，进一步完善政策，扩大已有自贸区伙伴市场规模。加大与相关国家的自由贸易区谈判，争取更多的中国与他国的双边与多边自由贸易。精心组织、全面实施中国（上海）自由贸易试验区总体方案，使之成为推进改革和提高开放型经济水平的"试验田"，形成可复制、推广的经验。着手选择国内其他有条件地区建设有特色、优势的地方发展自由贸易园（港）区，推动全国对外贸易方式的更快转变。扩大内陆沿边开放。抓住全球产业重新布局机遇，推动内陆贸易、投资、技术创新协调发展。创新加工贸易模式，形成有利于推动内陆产业集群发展的体制机制。

6. 推进重点工业企业向国际化经营发展

进一步实施"走出去"战略，推动重点企业向国际化经营方向发展，培育与发展一批世界级的跨国公司、全球公司。鼓励国内技术成熟、国际市场需求大的行业和企业，向境外转移部分生产能力。支持有实力企业开展境外重要能源资源的开发与合作。鼓励国内企业在科技资源密集的国家（地区）设立研发中心。推动实力强、资本雄厚的大型企业开展成套工程项目承包、跨国并购、绿地投资等。采取综合性政策措施，大力支持我国重大技术标准在海外应用，扩大中国企业在国际市场的影响力与竞争力。同时，鼓励个人参与或独立对外投资，扩大对外投资主体范围。

7. 重视"网络购物"这一新形式

这是未来国际贸易的重要抓手，要从法律、税制等方面加以引导，力争走在世界前列，带动我国贸易方式转变。大力支持国内电商企业转变商业模式，广泛发展"网络采购""网络销售"和"跨国购销"，大力支持小微型企业和个人进入"网络购销"领域，把"购销"推广到生产与生活的各个领域、各个环节。

(三) 完善相关政策与制度保障

1. 健全外贸法律法规

认真执行《中华人民共和国对外贸易法》，加强各部门在制定和实施涉及外贸政策、法规方面的协调。健全和完善与外贸有关的投资合作、知识产权、贸易调查、信用管理等相关法律法规。加强各项外经贸立法之间的衔接和协调，促进外贸和利用外资、"走出去"互动共促。综合运用外贸、通关、检验检疫、外汇、金融、税务、科技、环保、知识产权保护、劳动保障等领域政府监管职能和中介组织资源，积极探索建立外贸信用体系，整顿和规范经营秩序。

2. 完善涉外财金政策

保持出口退税政策稳定，推动出口退税分担机制改革，优化进口关税结构。降低部分能源原材料、关键零部件、先进技术设备和与人民群众生活密切相关的生活用品的进口关税，继续落实对来自最不发达国家部分商品进口零关税待遇，加快降税进程，进一步扩大零关税商品范围。鼓励金融机构积极开展进出口信贷业务，简化贸易信贷登记管理、程序和方式，支持融资性担保机构扩大中小企业进出口融资担保业务，鼓励融资租赁公司扩大设备进出口租赁业务，充分发挥出口信用保险的政策导向作用，发展政策性进口信用保险业务。完善人民币汇率形成机制，保持人民币汇率在合理均衡水平上的基本稳定。扩大人民币在跨境贸易和投资中的使用。积极推进贸易收付汇管理制度改革。

3. 有效应对外贸摩擦

统筹运用各种有效手段和世贸组织争端解决机制，提高贸易摩擦应对能力。加强贸易摩擦预警机制建设，完善全口径进出口监测体系。加强产业损害预警体系建设，充分发挥产业损害预警机制作用。积极应对国外技术性贸易壁垒，充分运用多双边政府间磋商和行业间对话机制，有效抑制贸易摩擦升级和蔓延。遵循国际贸易通行规则，运用反倾销、反补贴、保障措施等贸易救济措施，保护企业公平竞争及其合法权益。支持企业积极应对国外反垄断诉讼，依法处理外贸领域垄断行为。

4. 完善外贸管理体制

制订宽严适度的原产地规则，完善原产地认证管理体系。改进许可证管理，加强贸易统计监测功能。加强检验检疫工作，保障进出口商品安全、卫生、环保。加强大宗商品进出口协调和管理，规范重要、敏感商品进出口秩序，遏制不正当竞争。推进商会体制机制改革，加强行业自律和协调，充分发挥行业中介组织的作用。推动国内交易规则与国际接轨，探索建立内外贸协调发展的体制机制。

七 工业化、信息化、城镇化、农业现代化同步发展战略

(一) 工业化、信息化、城镇化、农业现代化成就、问题和形势

1. 发展成就

中国特色新型工业化取得重大进展,工业化水平总体上已经进入工业化后期发展阶段,正在向基本实现工业化迈进。20 世纪 90 年代以来,我国邮电业务总量年均增长 30% 以上,2012 年邮电业务总量达到 1.5 万多亿元,较 2000 年增长 2 倍以上。我国信息化基础设施建设居世界前列,全国人口移动电话普及率已达 84%,互联网上网人数已达 5.6 亿人,城镇家庭计算机普及率已接近 90%,移动互联网发展迅猛,新兴信息消费快速增长,2013 年上半年微信用户达 4.9 亿户,信息消费规模达 1.38 万亿元。2012 年,我国电子信息产业销售收入达到 11 万亿元,主要工业行业大中型企业数字化设计工业普及率达到 70% 左右,主要工业行业关键工艺流程数控化率达到 60% 左右。中国的城镇化率已经达到 53%,城镇就业人员已占全国就业人员的 48.5%,非农就业人员已占全部就业人员的 2/3,非农生产总值已占全国 GDP 的 90%,全国地级市达到 285 个,县级市达到 368 个。我国粮食总产量超过 5 亿吨,畜牧渔业产值占农业产值的 40% 以上,农机总动力达到 9.5 亿千瓦,耕种收的综合机械化水平达到 53%,农业科技贡献率达到 53%,农业产业组织带动农户 1.1 亿户以上,农民工资性收入已经与生产经营性收入相当,农户移动电话普及率达 200%,计算机普及率达 22%。

2．主要问题

总的问题是工业化进程与城镇化、信息化、农业现代化进程不同步，许多方面存在明显的不协调。我国工业化与信息化结合不够紧密，信息产业重复建设问题突出，信息服务垄断现象严重，信息开发利用服务滞后、共享程度低，信息技术创新体系不健全，还存在着核心技术受制于人、尖端型和高层次复合型人才匮乏，信息安全存在较大隐患。农村转移人员在城镇享受的工资、劳动保障、教育、公共服务等权益明显低于城镇户籍人口，我国实际城镇化率只有40%左右，城镇化进程滞后于工业化进程，城乡二元结构矛盾依然突出。农业劳动力比重仍大，农业劳动生产率较低，农业机械化、电力化、信息化滞后，农业产业化与规模化经营落后，农业劳动力素质有待提高，科技创新和推广应用能力不强，农业社会化服务体系不健全，组织化程度较低，农业比较生产成本较高，国际市场竞争力较弱。

3．面临形势

工业化与信息化的相互促进与融合发展是当代世界经济和后工业化社会的基本特征与趋势，信息化与工业化深度融合日益成为我国经济发展方式转变的内在动力。信息化发展正进入一个新的历史阶段，工业化与信息化融合的革命性产品载体日益增多，3D打印技术的广泛应用对工业生产方式、过程、市场正在产生革命性影响。互联网经济的兴起对工业经济与服务业经济已经并将继续产生重大的革命性影响。智能化工业深刻改变着工业生产经营的内涵与外延，从机器人到智能电网等的广泛革命性影响正在扩展。工业化推动城镇化与城镇化推动工业化，已经成为当代中国发展的基本经济特征和发展趋势。城镇化需要以产业化为基础，产业化的主体是各类工业行业的发展。全国工业的行业和区域布局与三大主要城市群需要及十大重点城市群发展布局必须有机结合。工业向中小城市转移是工业发展的内在要求，也是有序推进城镇化的必然趋势。工业化与农业现代化互为前提条件和发展推动力，是世界经济发展普遍规律和工业化、现代化进程的必然趋势。工业化加速农机产业、农业产业和农业龙头企业发展，后者的发展为进一步工业化创造条件。工业化加速农业劳动力转移、农民工人化市民化、人口城镇化进程，后者提升工业化水平。

（二）工业化、城镇化、信息化、农业现代化同步发展的主要方向与任务

1. 推进工业化与信息化深度融合

一要大力推进电子信息产业发展，进一步提高其在工业中的比重，充分发挥其对工业和整个经济的信息化引领作用。二要完善信息基础设施，加快构建新一代国家信息网络基础设施，提高基础支撑能力。三要加快发展支撑信息化发展的产品和技术。加快应用电子等产品的开发和产业化，突破一批关键技术瓶颈，加强信息技术对传统产业的改造提升，提高信息化应用水平。大幅度提高工业主要行业关键工艺流程数控化率和大中型企业资源计划（ERP）普及率。深化信息技术集成应用，促进"生产型制造"向"服务型制造"转变，加快推动工业制造模式向数字化、网络化、智能化、服务化转变。四要全面提高企业信息化水平，深化信息技术在企业生产经营环节的应用，推进数字化研发设计工具的普及应用，推动生产装备数字化和生产过程智能化，加强企业信息化队伍建设。强化企业信息安全，开展重点行业重点企业信息安全风险评估。五要将工业化、信息化与国防现代化更紧密地结合，加强军民科技资源集成融合，全面提高国防科技工业水平。六要创新信息化推进机制。建立健全企业信息化推进服务体系，建立工业企业信息化评估体系和行业评估规范。

2. 推进工业化与城镇化良性互动

健全体制机制，推进城乡要素平等交换和公共资源均衡配置，形成以工促农、以城带乡、工农互惠、城乡一体的新型工农城乡关系。一要尊重工业发展规律与城市发展规律，将工业产业和重点企业布局与城市化战略布局有机结合起来，通过工业产业布局、重点企业布局、产业集群布局、产业转移引导和"退二进三"等，完善大城市功能、优化城市群结构、促进大中小城市和小城镇协调发展。特别要引导工业产业向中小城市和小城镇转移，从根本上解决大城市发展空间、工业发展空间与中小城市和小城镇发展经济实体化问题。二要将农村人口转移和土地流转与工业化和城镇化有机结合起来，在工业发展吸纳农村劳动力的过程中，在城镇化推进过程中，逐步将农业转移人口转为城镇居民。城市要加强和改进人口管理，发挥吸纳外来人口的重要作用，中小城市和小城镇要放宽落户条件。要尊重农民在进城或留乡问题上的自主选择权，切实保护农民承包地、宅基地等合法权益，推进农民承包土地合理流转和宅基地的城镇性利用。三要增强城镇经济与基础设施的综合承载能力，完善城乡统筹的社会保障制度，为农村转移人口提供平等的社会保障、教育卫生和公共服务。强化市政公用设施、科教文化设施和保障房建设，推进"城中村"和城乡接合部改造，完善公正平等的住房保障体系，为转移人口提供平等的住房保障与公共基础设施服务。四要使工业化推进与城镇环境承载力相适应。工业发展要绿色化、低碳化、清洁化、循环化、少地化，大力发展节能环保产业，严格执行生态环境法律法规和政策标准，确保城镇建设的优化、美化、净化，为人们创造美丽的工业与生活空间。

3. 推进工业化与农业现代化协同发展

一要大力发展现代农业机械和绿色农业化工，提供适合地方地理状况和耕地特点的各类农业机械与生态、环保、安全的化肥、农药，提高耕种收的综合机械化水平和农业生产的生态安全水平，全面提高农业劳动生产率，发展高产、优质、高效、生态、安全农业。二要完善现代农业产业体系，充分利用先进工业和现代信息，农业产业布局，鼓励和支持粮食、棉花、油料、糖料等大宗农产品的产业化经营，发展畜牧业、水产业、林业，推进农业产业化经营，壮大农产品加工业和流通业，促进农业生产经营专业化、标准化、规模化、集约化。发展农业信息技术，提高农业生产经营信息化水平。三要充分发挥农业产业化龙头企业的带头与引领作用。按照扶优、扶大、扶强的原则，重点扶持农业产业化龙头企业，依托农产品加工、物流等各类农业园区，推进龙头企业集群发展，支持龙头企业跨区域经营，鼓励龙头企业与农户建立紧密型利益联结关系。四要强化新农村建设基础设施与重点工程。发展各类涉农工业，支持农田水利建设，搞好抗旱水源工程、农村小微型水利设施、饮水安全工程建设，加强农村能源建设，加强水电新农村电气化县和小水电代燃料工程建设，实施新一轮农村电网升级改造工程，大力发展沼气、作物秸秆及林业废弃物利用等生物质能和风能、太阳能。加强农村邮政设施建设，推进农村信息基础设施建设。

（三） 完善相关政策与制度保障

1. 在工业化与信息化深度融合方面

要完善信息化发展战略和政策体系研究，深化信息化发展领域的体制改革，完善市场准入和退出机制，推动运营服务市场的公平有效竞争，防范和制止不正当竞争；要完善相关投融资政策，鼓励和支持引导非国有资本平等参与信息化建设，培育和发展信息技术转让和知识产权交易市场，完善招投标、采购政策；要完善信息技术应用的技术体制与产业、产品等技术规范和标准，促进网络互联互通、系统互为操作和信息共享；要完善信息基础设施、电子商务、电子政务、信息安全、政府信息公开、个人信息保护等方面的法律法规，创造信息化发展的良好法制环境。

2. 在工业化与城镇化良性互动方面

要科学编制城市规划，健全城镇建设标准，合理确定城市开发边界，调整优化建设用地结构；要加强和改进城市人口管理，实际放宽落户条件，鼓励各地探索相关政策和办法，合理确定农业转移人口转为城镇居民的规模；要构建和完善城镇综合交通运输体系，统筹协调各种运输方式发展，完善城市城镇公路、道路、铁路、轨道、航空、空载等交通基础设施；要统筹地上地下市政公用设施建设，全面提升通信、供电、供热、供气、供排水、污水垃圾处理等基础设施水平；要加强城市综合管理，健全相关政策制度，改进与完善管理方式。

3. 在工业化与农业现代化协同发展方面

要建立农业投入稳定增长机制，不断增加"三农"投入；要改善农村金融服务，加快农村金融组织、产品和服务创新；要引导社会资本投入农业，鼓励和促进工业与城市资源要素向农业农村配置，鼓励各种社会力量参与农村产业发展和公共设施建设；要加大农业支持保护力度，完善农业补贴政策，建立完善农业生产奖补制度，加大对农业科研和技术推广的支持力度；要深化农业农村改革，统筹城乡产业发展，统筹城乡基础设施建设和公共服务，统筹城乡劳动就业，统筹城乡社会管理；要强化农业法制，完善以农业法为基础的农业法律法规体系。

八　全面推进工业管理体制机制改革

（一）工业管理体制改革的成就、问题与形势

1. 发展成就

进入 21 世纪以来，我国工业管理体制机制改革取得重大进展。在政企分开方面，所有工业企业的生产经营活动自主，政府减少了直接干预。在政资分开方面，推进国有资产管理体制和政府投资体制改革，大多数国有企业拥有经营自主权，政府行政管理与投资行为基本分开。在政事分开方面，工业经济技术领域的各类事业单位大都进行了改制，各类独立的民间事业单位发展迅速。在政府与市场中介组织分开方面，各类工业经济协会组织及其他中介组织发展迅速，独立运营，政府基本不干预。在工业行政审批制度改革方面，过去的多数行政审批已大大下降，保留的重大审批活动在依法管理、简化程序、提高效率等方面取得积极进展。在政府对工业管理的方式方面，强调经济、法律与行政手段有机结合，更加注重政策导向和规划指引，制定了一系列工业政策和工业行业发展规划。在相关

部门的改革方面，推进大部制管理改革，进一步明确了政府各类经济职能部门对相关工业经济的管理职能、权限、责任，健全政府部门间的协调配合机制，在减少职能交叉、政出多门方面取得重大进展。在打破垄断方面，对垄断行业进行企业组织结构调整，推进了垄断企业的市场化进程，提升了垄断行业内外的竞争性。

2. 主要问题

垄断性国有企业、大型重点国有企业的政企分开仍有许多重要方面没有完成；国有资产管理体制改革滞后于市场经济发展进程，垄断特别是行政性垄断现象仍然比较突出，国有资产监管及国有企业绩效审核监督制度机制仍不健全；部分重要工业事业单位改制进展缓慢；政府向行业协会转移职能在许多领域进展缓慢，工业行业协会独立性、权威性不够，运营机制仍不健全，影响力不大，民间的行业协会及其他中介组织发展受到一定限制；部分重要工业领域的职能交叉、重复审批仍然明显存在，有关部门仍保留了不少本应由企业完全自主的投资审批项目，政府审批效率仍然有待提高；大部制改革还需加快，在机构设置、职能划分、人员配备、方案选择方面仍受人事权力安排等人为因素的影响，能源工业管理与其他工业管理分开导致相关领域改革、政策与规划制定和行政监管与执行出现矛盾；不少部门在依法行政、科学决策方面还有较大差距。

3. 面临形势

中国工业化进程的快速推进，中国工业经济广泛与深入的市场化发展，中国工业企业的产权制度、组织形式、运营方式、商业模式的不断改革与深刻变化，中国工业经济与世界经济的深度融合与相互影响，新技术革命的发生与发展，都迫切要求我国在加快行政管理体制改革、建设服务型政府过程中，必须更加注重工业管理体制和管理方式改革，更加注重发挥企业的市场主体作用，更加注重工业管理的依法行政、科学决策、合理规划、政策导向，更加注重法制建设，减少行政层次、减少审批事项与环节、提高审批效率。中国工业经济是中国市场经济最重要的基础，中国工业管理体制机制改革的进展与程度是衡量中国市场经济发展的一个最主要的标志，必须加快推进，否则将严重影响工业化进程。

（二）推进工业管理体制机制改革的主要方向与任务

总的方向是，加快推进政企分开、政资分开、政事分开、政府与市场中介组织分开，调整和规范政府管理的事项，深化行政审批制度改革，减少政府对微观经济活动的干预，充分激发各类工业企业的发展动力和市场活力。

1. 推进工业行政管理体制改革

继续推进政企分开与政事分开，除涉及国家安全者外，所有工业领域的国有控股单位实行完全的政企分开和政事分开，取消工业领域企业事业单位行政级别，严格限制和规范管理国有企业事业单位与政府部门领导干部交流任职。坚定推进大部门制改革，进一步解决机构重叠、职责交叉、政出多门、相互掣肘的问题，将贸工、能源资源与其他工业行业统一起来。继续调整和规范政府对工业管理的事项，深化工业领域行政审批制度改革，除涉及国家安全、生态环保、生产安全等法律法规规定需要审批者外，取消对工业企业的一切行政审批，取消政府对工业微观经济活动不必要的行政干预。创新工业管理方式和手段。完善行业工业经济监测网络和指标体系，强化行业信息统计和信息发布，着力给市场准确的预期。完善重大工业管理事项的政府民主、科学、依法决策机制，工业法规、政策、规划、标准的制定要广泛征询意见，充分协商和协调，公开透明，接受社会监督。要严格依法行政，健全行政执法体制机制，推行行政审批公开公示制度。落实企业境外投资自主权，支持国内优势企业开展国际化经营。完善工业园区管理体制，促进工业企业和项目向工业园区和产业集聚区集中。健全对行政权力的监督制度，推行行政问责制，健全责任追究制度和纠错改正机制，提高政府执行力和公信力。

2. 推进国有资产管理体制改革

坚持政企分开、政资分开，继续推进政府公共管理职能和国有资产出资人职能分开，完善国有资产监管体制机制。搞好垄断性和竞争性国有企业分类管理。健全覆盖全部国有企业、分级管理的国有资本经营预算和收益分享制度，合理分配和使用国有资本收益。完善国有自然资源资产和国有工业土地监管体制，按照市场在资源配置中起决定性作用的要求，推进国有土地矿产资源市场定价、有偿使用、公平竞争改革。推进国有经济战略性调整，健全国有资本有进有退、合理流动机制，促进国有资本向关系国家安全和国民经济命脉的重要行业和关键领域集中，原则上退出一般竞争性领域。国有大型工业企业要加快股权多元化改革，完善企业法人治理结构，建立现代企业制度。

3. 推进垄断行业改革

进一步破除各种形式的行政垄断。国有资本继续控股经营的自然垄断行业，加快推进以政企分开、政资分开、特许经营、政府监管为主要内容的改革，根据不同行业特点实行网运分开、放开竞争性业务，推进公共资源配置市场化。推进电力、电信、石油、盐业等工业行业管理体制改革，进一步放宽市场准入，降低经济与市场垄断，提高行业竞争性，形成有效竞争的市场格局。进一步强化垄断行业国有企业投资融资、生产经营、兼并收购、海外经营、高管薪酬、员工工资、公务消费和企业福利等方面的监管。坚持激励与约束统一，严厉打击腐败行为，严格控制工资福利增长规模与幅度，缩小垄断行业与其他行业的收入分配差距。深化垄断企业内部管理人员能上能下、员工能进能出、收入能增能减的制度改革。建立长效激励约束机制，强化垄断行业国有企业经营投资责任追究和承担社会责任。

4. 推进行业协会商会组织改革与发展

行业协会、商会等中介组织是市场经济的重要组成部分，也是中国工业化进程中不可缺少的力量。正确处理政府和社会关系，加快实施政社分开，推进社会组织明确权责、依法自治、发挥作用。充分借鉴世界先进国家工业行业协会商会发展的基本经验，加快推进我国工业行业协会商会和中介组织的改革与发展，加快行业协会商会立法，尽快制定行业协会商会法。紧密结合工业行政管理体制改革与行业协会商会和中介组织的改革与发展，协调两者关系。将政府不应管、管不了、管不好的行业职能全部转移给工业行业协会商会和其他中介组织，充分发挥行业协会商会、中介组织等在加强行业管理、提出行业标准、执行行业法律、落实行业政策、落实行业规划、规范行业秩序、提高行业自律、推动企业社会责任建设等方面的主导与积极作用。尽快实现行业协会商会与行政机关真正脱钩，重点培育和优先发展行业协会商会类。将全国性行业协会管理职能从国资委中转移出来，推行无主管方式，实现市场与社会管理。推进行业协会商会开展平等竞争，支持一行多会，支持企业按细分行业、一定地域、跨区域自主组建行业协会商会和中介组织。规范行业协会商会内部管理，完全取消行政级别，健全法人治理结构，推进业内民主管理。充分发展行业协会商会组织在劳动关系"三方协调机制"中的作用，推进企业和谐劳动关系建立。推动行业协会商会向国际化方向发展，积极加入国际行业协会商会，提高国际话语权和影响力，充分发挥其在企业"走出去"开展国际化经营中的指导、协调、支持和保护作用。

5. 为企业公平竞争创造平等公正的法律、政策和市场环境

公平竞争是市场经济的本质要求和工业化与工业现代化的重要前提。要坚持公有制为主体、多种所有制经济共同发展的基本经济制度，营造各种所有制经济依法平等使用生产要素、公平参与市场竞争、同等受到法律保护的体制环境。建立公平、开放、透明的市场规则。实行统一的市场准入制度，在制定负面清单基础上，各类市场主体可依法平等进入清单之外领域。坚持权利平等、机会平等、规则平等，废除对非公有制经济各种形式的不合理规定，消除各种隐性壁垒，制定非公有制企业进入特许经营领域的具体办法。尽快消除制约非公有制经济发展的制度性障碍，全面落实促进非公有制经济发展的有关法律法规和政策措施，有法必依，执法必严，违法必究。鼓励和引导民间资本进入法律法规未明文禁止准入的行业和领域，市场准入标准和优惠扶持政策要公开透明。完善鼓励非公有制经济发展的法律制度，优化外部环境。改善对民间投资的金融服务，切实保护民间投资的合法权益。平等保护民营企业合法权益，加快解决与民营企业相关司法解释和执行弹性问题、执法对象歧视问题、行政不作为与乱作为问题，坚决维护司法公平正义。

后　记

　　本书由中国国际经济交流中心工业化研究团队撰写，分工如下：

　　第一章由陈妍、景春梅、綦鲁明撰写；

　　第二章第一部分由景春梅撰写，第二部分由綦鲁明撰写，第三部分由陈妍撰写；

　　第三章由吕铁撰写；

　　第四章第一、六、七、八部分由陈永杰撰写，第二部分由綦鲁明撰写，第三部分由景春梅撰写；第四、五部分由陈妍撰写。

　　全书框架由陈永杰拟定，并负责全文统稿。

　　本书得到国务院国有资产监督管理委员会原主任李荣融同志的指导。

图书在版编目（CIP）数据

中国 2020 年基本实现工业化：主要标志与战略选择／中国国际经济交流中心课题组著 . —北京：社会科学文献出版社，2014.9

（CCIEE 智库丛书）

ISBN 978 - 7 - 5097 - 6264 - 6

Ⅰ . ①中…　Ⅱ . ①中…　Ⅲ . ①工业化—研究—中国

Ⅳ . ①F424

中国版本图书馆 CIP 数据核字（2014）第 154629 号

· CCIEE 智库丛书 ·

中国 2020 年基本实现工业化：

主要标志与战略选择

著　　者／中国国际经济交流中心课题组

出 版 人／谢寿光

项目统筹／吴　敏　邓泳红

责任编辑／吴　敏

出　　版／社会科学文献出版社 · 皮书出版分社（010）59367127
　　　　　地址：北京市北三环中路甲 29 号院华龙大厦　邮编：100029
　　　　　网址：www. ssap. com. cn

发　　行／市场营销中心（010）59367081　59367090
　　　　　读者服务中心（010）59367028

印　　装／北京季蜂印刷有限公司

规　　格／开 本：787mm × 1092mm　1/16
　　　　　印 张：11　字 数：131 千字

版　　次／2014 年 9 月第 1 版　2014 年 9 月第 1 次印刷

书　　号／ISBN 978 - 7 - 5097 - 6264 - 6

定　　价／59.00 元

本书如有破损、缺页、装订错误，请与本社读者服务中心联系更换

▲▲ 版权所有 翻印必究